居家必備

明刻本

居家必備 七

居家必備卷七

飲饌

醞造譜

法製譜

脯鮓　甜食　粉麵

粥糜　熟水　蔬蔌

茶譜

煎茶七類

饌客約

醖造品

古杭高濂

桃源酒

白麪二十兩剉如棗核水一斗浸之待發糯米一斗淘極淨炊作爛飯攤冷以四時消息氣候投放麪汁中攪如稠粥候發即更投二斗米飯嘗之或不似酒勿怪候發又二斗米飯其酒即成矣如天氣稍煖熟後三五日甕頭有澄清者先取飲之縱令酣酌亦無傷也此本武陵桃源中得之後被齊民要術中採摭

編錄皆失其妙此獨真本也今商議以空水浸米尤妙每造一斗水煮取一升澄清汁浸麴候發經一日炊飯候冷即出甕中以麴麥和還入甕中每投皆如此其第三第五皆待酒發後經一日投之五投畢待發定訖一二日可壓即太半化爲酒如味硬即每一斗蒸三升糯米取大麥蘗麴一大匙白麴末一大分熟攪和盛葛布袋中納入酒甕候甘美即去其袋然造酒北方地寒即如人氣投之南方地煖即須至冷爲佳也

香雪酒

用糯米一石先取九斗淘淋極清無渾脚爲度以補量米准作數米與水對充水宜多一斗以補米脚浸於缸內後用一斗米如前淘淋炊飯埋米上草蓋覆缸口二十餘日候浮先瀝飯殻次瀝起米控乾炊飯乘熱用原浸米水澄去水脚白麪作小塊二十斤拌勻米売蒸熟放缸底如天氣熱畧出火氣打拌勻後蓋缸口一週時打頭杷打後不用蓋半週時打第二杷如天氣熱須再打出熱氣三扒打絕仍蓋缸口候

熟如用常法大抵米要精白淘淋要清淨杷要打得熱氣透則不致敗耳

碧香酒

糯米一斗淘淋清淨內將九升浸瓮內一升炊飯拌白麯末四兩用箬埋所浸米內候飯浮撈起蒸九升米飯拌白麯末十六兩先將淨飯置瓮底次以浸米飯置瓮內以原淘米漿水十斤或二十斤以絕四五重密封瓮口春數日如天寒一月熟

臘酒

用糯米二石水與酵二百斤足秤白麴四十斤足秤酸飯二斗或用米二斗起酵其味醲而辣正臘中造煮時大眼籃二箇輪置酒瓶在湯內與湯齊滚取出

建昌紅酒

用好糯米一石淘淨傾缸内中留一窩内傾下水一石二斗另取糯米二斗煮飯攤冷作一團放窩内蓋訖待二十餘日飯浮漿酸摝去浮飯瀝乾浸米先將米五斗淘淨鋪於甑底將濕米次第上去米熟畧攤氣絕翻在缸内中蓋下取浸米漿八斗花椒一兩煎

沸出鏤待冷用白麯三斤搥細好酵母三碗飯多少
加常酒放酵法不要厚了天道極冷放暖處用草圍
一宿明日早將飯分作五處每放小缸中用紅麯一
升白麯半升取酵亦作五分每分和前麯飯同拌勻
踏在缸內將餘在熟盡放面上蓋定候二日打扒如
面厚三五日打不遍打後面浮漲足再打一遍仍蓋
下十一月二十日熟十二月一月熟正月二十日熟
餘月不宜造榨取澄清併入白壇少許包褁泥定頭
糟用熟水隨意副入多二宿便可榨

五香燒酒

每料糯米五斗細麯十五斤白燒酒三大罈檀香木香乳香川芎没藥各一兩五錢丁香五錢人參四兩各爲末白糖霜十五斤胡桃肉二百箇紅棗三升去核先將米蒸熟晾冷照常下酒法則要落在甕口缸内好封口待發微熱入糖并燒酒香料桃棗等物在内將缸口厚封不令出氣每七日開打一次仍封至七七日上榨如常服一二杯以醃物壓之有春風和煦之妙

山芋酒

用山藥一斤酥油三兩蓮肉三兩氷片半分同研如彈每酒一壺投藥一二丸熱服有益

葡萄酒

法用葡萄子取汁一斗用麯四兩攪勻入甕中封口自然成酒更有異香　又一法用蜜三斤水一斗同煎入瓶内候温入麯末二兩白酵二兩濕紙封口放淨處春秋五日夏三日冬七日自然成酒且佳行功導引之時飲一二杯百脉流暢氣運無滯助道所當

不廢

黃精酒

用黃精四斤天門冬去心三斤松針六斤白朮四斤枸杞五斤俱生用納釜中以水三石煮之一日去楂以清汁浸麴如家醞法酒熟取清任意食之主除百病延年變鬚髮生齒牙功妙無量

白朮酒

白朮二十五斤切片以東流水二石五斗浸缸中二十日去滓傾汁大盆中夜露天井中五夜汁變成血

取以浸麴作酒取清服除病延年變髮堅齒面有光
澤久服長年

地黃酒

用肥大地黃切一大斗搗碎糯米五升作飯麴一大
升三物於盆中揉熟相勻傾入甕中泥封春夏二十
一日秋冬須二十五日滿日開看上有一盞綠液是
其精華先取飲之餘以生布絞汁如飴收貯味極甘
美功效同前

菖蒲酒

取九節菖蒲生搗絞汁五斗糯米五斗炊飯細麴五斤相拌令勻入磁罈密蓋二十一日即開溫服日三服之通血脉滋榮胃治風痺骨立痿黄醫不能治服一劑百日後顏色光彩足力倍常耳目聰明髮白變黑齒落更生夜有光明延年益壽功不盡述

羊羔酒

糯米一石如常法浸漿肥羊肉七斤麴十四兩杏仁一斤煮去苦水又同羊肉多湯煮爛留汁七斗拌前米飯加木香一兩同醞不得犯水十日可吃味極甘

滑

天門冬酒

醇酒一斗用六月六日麴末一升好糯米五升作飯天門冬煎五升米須淘訖晒乾取天門冬汁浸先將酒浸麴如常法候熱炊飯適寒溫用煎汁和飯令相入投之春夏七日勤看勿令熱秋冬十日熟東坡詩云天門冬熟新年喜麴米春香並舍聞是也

松花酒

三月取松花如鼠尾者細挫一升用絹袋盛之造白

酒熟時投袋於酒中心井內浸三日取出濾淨
其味清香甘美
、菊花酒
十月採甘菊花去蒂只取花二斤擇淨入醅內攪勻
次早榨則味香清冽凡一切有香之花如桂花蘭花
薔薇皆可倣此為之
五加皮三骰酒
法用五加根莖牛膝丹參枸杞根金銀花松節枳殼
枝葉各用一大斗以水三大石於大釜中煮取六大

斗去滓澄清水準几水數浸麴即用米五大斗炊飰
取生地黃一斗搗如泥拌下二次用米五斗炊飰取
牛蒡子根細切二斗搗如泥拌飰下三次用米二斗
炊飰大草蘇子一斗蒸熟令細拌飯下之候稍冷熱
一依常法酒味好即去糟飲之酒冷不發加以麴末
投之味苦薄再炊米二斗投之若飯乾不發取諸藥
物煎汁熱投候熟去糟時常飲之多少常令有酒氣
男女可服亦無所忌服之去風勞冷氣身中積滯宿
疾令人肥健行如奔馬功妙更多

一麯類造酒美惡全在麯精水潔故麯爲要藥若麯失其妙酒何取焉故錄麯之妙方于後

一白麯

白麪一担糯米粉一斗水拌令乾濕調匀篩子格過踏成餅子紙包挂當風處五十日取下日晒夜露每米一斗下麯十兩

內府秘傳麯方

白麪一百斤黃米四斗菉豆三斗先將豆磨去殼將殼簸出水浸放置一處聽用次將黃米磨末入麪并豆末和作一處將收起豆殼浸水傾入米麪荳末內

和起如乾再加浸豆殼水以可捻成塊爲準踏作方
麯以實爲佳以粗卓晒六十日三伏内做方好造酒
每石入麯七斤不可多放其酒淸冽

蓮花麯

蓮花三斤　白麪一百五十兩　菉豆三斗
糯米三斗俱磨爲末　川椒八兩　如常造踏

金莖露麯

麪十五斤　菉豆三斗　糯米三斗爲末踏

襄陵麯

麪一百五十斤　糯米三斗磨末　蜜五斤

川椒八兩

紅白酒藥

用草果五箇青皮官桂砂仁良薑茱萸光烏各二斤陳皮黃栢香附子蒼术乾薑甘菊花杏仁各一斤薑黃薄荷各半斤每藥料共稱一斤配糯米粉一斗辣蓼三斤或五斤水薑二斤擣汁和滑石末一斤四兩如常法盦之上料更加畢撥丁香細辛三賴益智丁皮砂仁各四兩

東陽酒麯

白麯一百斤桃仁三斤杏仁三斤草烏一斤烏頭三斤去皮可減去其半蓁苴五升煮熟木香四兩官桂八兩辣蓼十斤水浸七日瀝母藤十斤蒼耳草十斤二桑葉包同蓼草三味入鍋煎煮蓁苴每石米內放麯十斤多則不妙

蓼麯

用糯米不拘多少以蓼擣汁浸一宿漉出以麯拌令少頃篩出浮麵用厚紙袋盛之挂通風處夏月製之

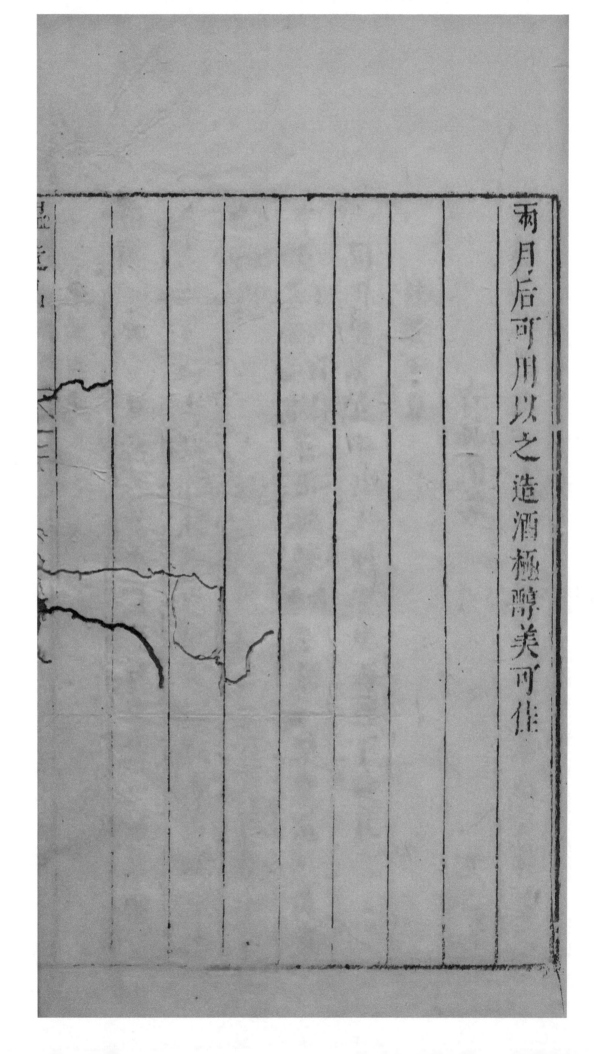

兩月后可用以之造酒極醇美可佳

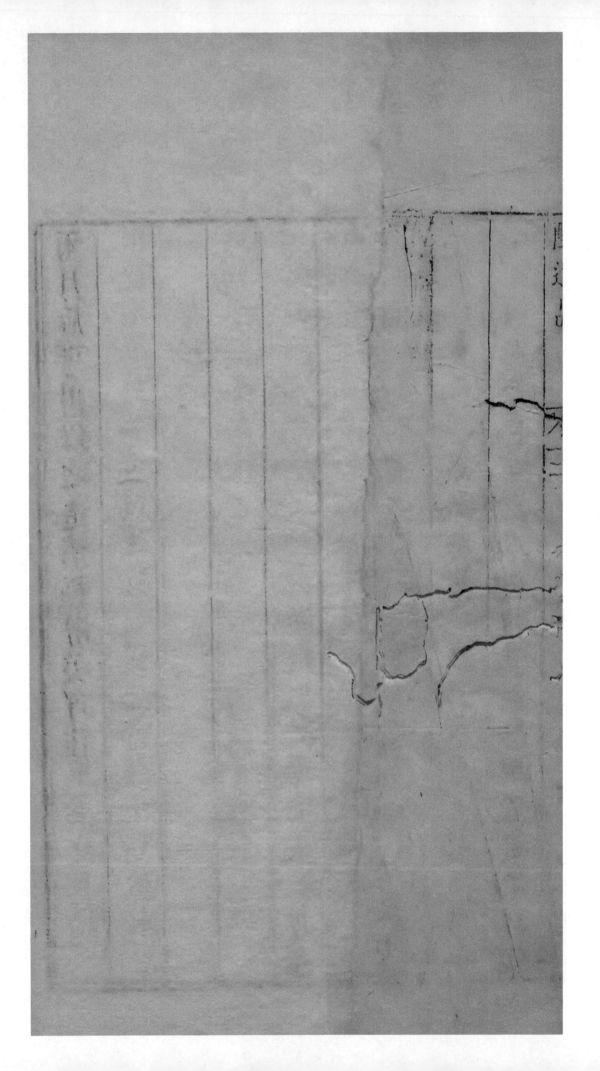

法製品

古杭高濂

法製半夏

開胃健脾止嘔吐去胸中痰滿兼下肺氣

半夏（半斤圓白者切二片）晉州絳礬（四兩）丁皮（三兩）草荳蔻（二兩）生薑（五兩切成片）

右件洗半夏去滑焙乾三藥麄剉以大口瓶盛生薑片煎藥一處用好酒三斗浸春夏三七日秋冬一月却取出半夏水洗焙乾餘藥不用不拘時候

細嚼一二枚服至半月咽喉自然香甘

法製橘皮

日華子云皮暖消痰止嗽破癥瘕痃癖

橘皮半斤去穰 白檀一兩 青鹽一兩 茴香一兩

右件四味用長流水二大碗同煎水乾爲度揀出橘皮放於磁器內以物覆之勿令透氣每日空心取三五片細嚼白湯下

法製杏仁

療肺氣咳嗽止氣喘促腹脹不通心腹煩悶

[illegible]杏一斤滾灰水焯過晒乾麩炒熟揀簡拌杏仁勻用下藥末拌 茴香炒 人參二錢
宿砂仁二錢 粉草三錢 陳皮三錢 白荳蔻二錢 木香二錢
右為細末拌杏仁令勻每用七枚食後服之

酥杏仁法

杏仁不拘多少香油煠燋胡色為度用鐵絲結作網兜搭起候冷定食極脆美

法製硇砂

消化水穀溫煖脾胃

硇砂十兩去皮以朴硝水浸一宿晾乾以麻油焙燥香熟為度 桂花 粉草各一錢半

右已上件碾爲細末和勻爲丸遇酒食後細嚼

醉鄉寶屑

解酲寬中化痰

陳皮四兩 縮砂四兩 紅豆一兩六錢 粉草二兩四錢 生薑剉 丁香一錢 葛根三兩已上並㕮咀 白荳蔻仁一兩剉 鹽一兩 巴豆十四粒不去皮殼用鐵絲穿

右件用水二碗煮乾爲度去巴豆曬乾細嚼白湯下

香茶餅子

孩兒茶芽茶四錢檀香一錢二分白荳蔻一錢五分

麝香一分砂仁五錢沉香二分半片腦四分甘草膏

和糯米糊搜餅

法製芽茶

芽茶二兩一錢作母荳蔻一錢麝香一分片腦一分

半檀香一錢細末入甘草内纏之

透頂香丸

孩兒茶芽茶各四錢白荳蔻一錢五分麝香五分檀

香一錢四分甘草膏子丸

山查膏

山東大山查刮去皮核每斤入白糖霜四兩擣爲膏明亮如琥珀再加檀屑一錢香美可供又可放久

香橙餅子

用黄香橙皮四兩加木香檀香各三錢白豆仁一兩沉香一錢蓽澄茄一錢氷片五分共擣爲末甘草膏和成餅子入供

蓮子纏

用蓮肉一斤煑熟去皮心拌以薄荷霜二兩白糖二

兩素身烘焙乾入供杏仁欖仁核桃可同此製

法製榧子

將榧子用磁瓦刮黑皮每斤淨用薄荷霜白糖熬汁拌炒香燥入供

法製瓜子

燕中大瓜子用秋石化滷拌炒香燥入供

橄欖丸

百藥煎五錢烏梅八錢木瓜乾葛各一錢檀香七分五厘甘草膏荳蔻作母腦麝爲衣

甘露丸

百藥煎一兩甘松訶子各一錢二分半麝香半分薄荷二兩檀香一錢六分甘草末一兩二錢五分水撥丸晒乾用甘草膏子入麝香爲衣

升煉玉露霜方

用眞豆粉半斤入鍋火焙無豆腥先用乾淨龍腦薄荷一斤入甑中用細絹隔住上置豆粉將甑封蓋上鍋蒸至頂熱甚霜已成矣收起粉霜每八兩配白糖四兩煉蜜四兩拌勻擣膩印餅或丸噙之消痰降火

妙可嘗茶兼治火症

升霜圖

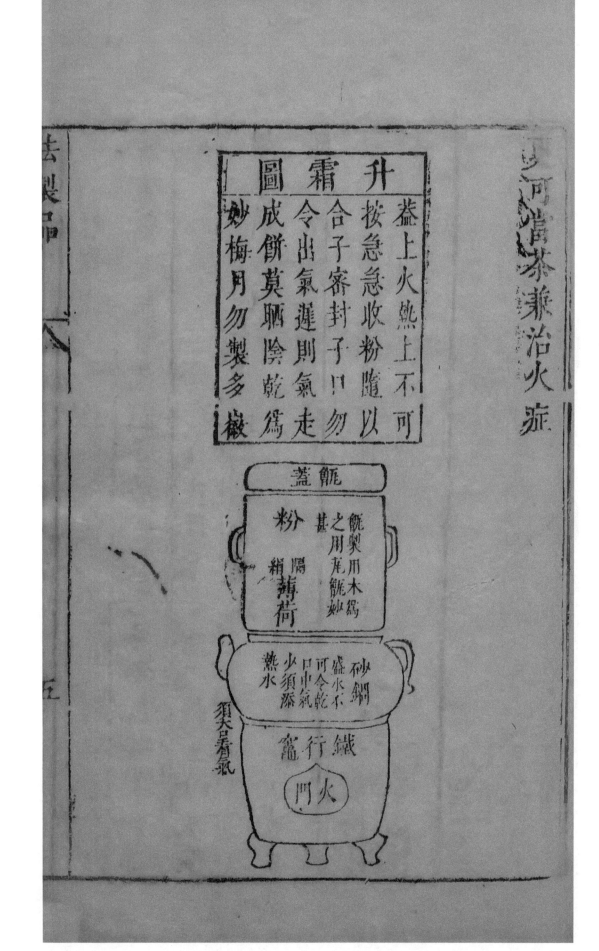

蓋上火熱上不可
按急急收粉隨以
合子密封子口勿
令出氣遲則氣走
成餅莫曬陰乾爲
妙梅月勿製多黴

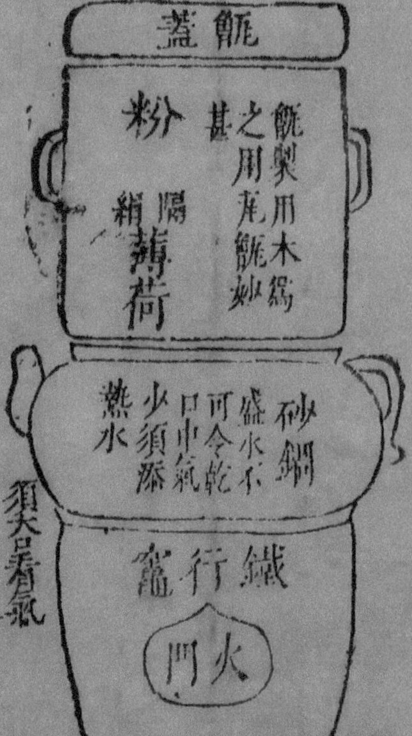

◎

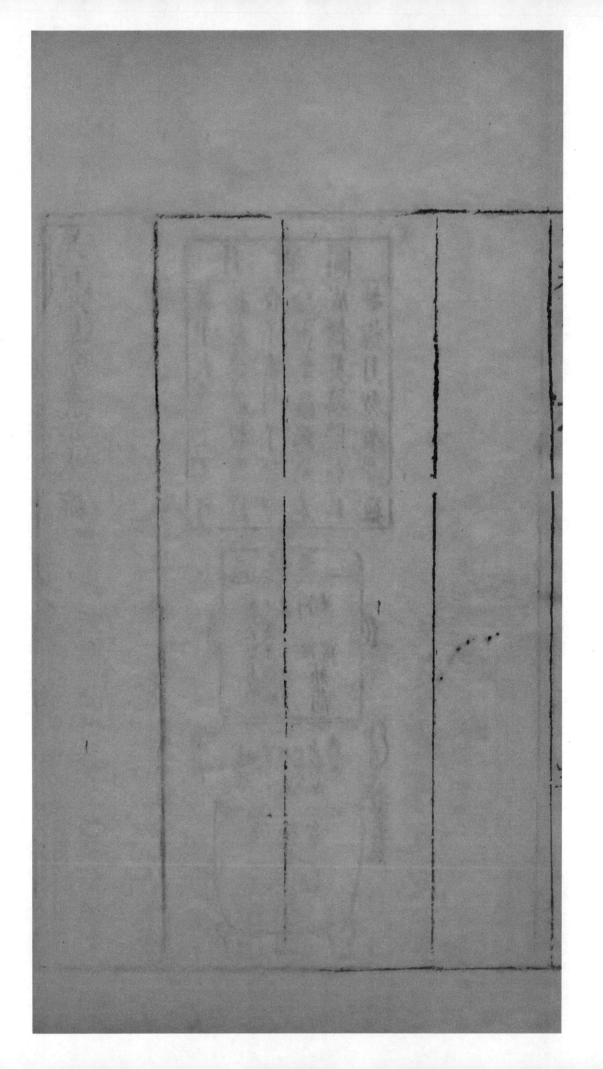

脯鮓品

古杭高濂

蟹生

用生蟹剁碎以麻油先熬熟冷并草果茴香砂仁花椒末水薑胡椒俱爲末再加葱鹽醋共十味入蟹內拌匀即時可食

炙魚

鱭魚新出水者治淨炭上十分炙乾收藏一法以鱭魚去頭尾切作段用油炙熟每服用箬間盛瓦罐內

泥封

水醃魚

臘中鯉魚切大塊拭乾一斤用炒鹽四兩擦過淹一宿洗淨晾乾再用鹽二兩糟一斤拌勻入甕紙箬泥封塗

肉鮓

生燒猪羊腿精批作片以刀背勻搥三兩次切作塊子沸湯隨漉出用布内扭乾每一斤入好醋二盞鹽四錢椒油草菓砂仁各少許供饌亦珍美

瓜虀

醬瓜生薑葱白淡笋乾或茭白鰕米鷄胸肉各等分

切作長条絲兒香油炒過供之

算条巴子

猪肉精肥各另切作三寸長各如算子樣以砂糖花

椒末宿砂末調和得所拌勻晒乾蒸熟

爐焙鷄

用鷄一隻水煮八分熟剁作小塊鍋内放油少許燒

熱放鷄在内略炒以鏇子或椀蓋定燒及熱醋酒相

半入鹽少許烹之候乾再烹如此數次候十分酥熟
取用

蒸鰣魚

鰣魚去腸不去鱗用布拭去血水放盪鑼內以花椒
砂仁醬擂碎水酒蔥拌勻其味和蒸去鱗供食

夏月醃肉法

用炒過熱鹽擦肉令軟勻下缸內石壓一夜掛起見
水痕即以大石壓乾挂當風處不敗

風魚法

用青魚鯉魚破去腸胃每斤用鹽四五錢醃七日取起洗淨拭乾腮下切一刀將川椒茴香加炒鹽擦入腮内并腹裹外以紙包裹外用麻皮扎成一箇挂于當風之處腹内入料多些方妙

肉生法

用精肉切細薄片子醬油洗淨入火燒紅鍋爆炒去血水微白即好取出切成絲再加醬瓜糟蘿蔔大蒜砂仁草果花椒橘絲香油拌炒肉絲臨食加醋和勻食之甚美

魚醬法

用魚一斤切碎洗淨後炒鹽三兩花椒一錢茴香一錢乾姜一錢神麯二錢紅麯五錢加酒和勻拌魚肉入磁瓶封好十日可用吃時加葱花少許

糟猪頭蹄爪法

用猪頭蹄爪煮爛去骨布包攤開大石壓匾實落一宿糟用甚佳

酒醃蝦法

用大蝦不見水洗剪去鬚尾每斤用鹽五錢淹半日

瀝乾入瓶中蝦一層放椒三十粒以椒多為妙或用椒拌蝦裝入瓶中亦妙裝完每斤用鹽三兩好酒化開澆入瓶內封好泥頭春秋五七日即好吃冬月十日方好

蟶鮓

蟶一斤鹽一兩醃一伏時再洗淨控乾布包石壓加熟油五錢薑橘絲五錢鹽一錢葱絲五分酒一大盞飯糁一合磨米拌勻入瓶泥封十日可供魚鮓同

醬蟹糟蟹醉蟹三法

香油入醬油内亦可久留不砂　糟醋酒醬各一碗

蟹多加鹽一碟又法用酒七碗醋三碗鹽二碗醉蟹

亦妙

曬蝦不變紅色

蝦用鹽炒熟盛籮内用井水淋洗去鹽曬乾色紅不

變

煮魚法

凡煮河魚先下水下燒則骨酥江海魚先調滚汁下

鍋則骨堅也

煮蟹青色蛤蜊脫丁

用柿蒂三五個同蟹煮色青後用枇杷核内仁同蛤蜊煮脫丁

造肉醬法

精肉四斤去筋骨醬一斤八兩研細鹽四兩葱白細切一碗川椒茴香陳皮各五六錢用酒拌各粉并肉如稠粥入罈封固晒烈日中十餘日開看乾再加酒淡再加鹽又封以泥晒之

黄雀鮓

每隻治淨用酒洗拭乾不犯水用麥黃紅麴鹽椒葱絲嘗味和爲止却將雀入匾罈内鋪一層上料一層裝實以箬葢篾片芊定候滷出傾去加酒浸密封久用

治食有法條例

洗猪肚用麵洗猪臟用砂糖不氣　煮笋入薄荷少加鹽或以灰則不蘞　糟蟹罈上加皂角半錠可留久洗魚滴生油一二點則無涎煮魚下末香不腥　煮鵞下櫻桃葉數片易軟　煮陳臘肉將熟取燒紅

炭投數塊入鍋內則不油蘞氣　煮諸般肉封鍋口用楮實子一二粒同煮易爛又香　夏月肉單用醋煮可留十日　麪不宜生水過用滚湯停冷食之燒肉忌桑柴火　醬蟹糟蟹忌燈照則沙　酒酸用小豆一升炒焦袋盛入酒罈中則好　染坊瀝過淡灰晒乾用以包藏生黃瓜茄子至冬月可食　用松毛包藏橘子三四月不乾菉豆藏橘亦可

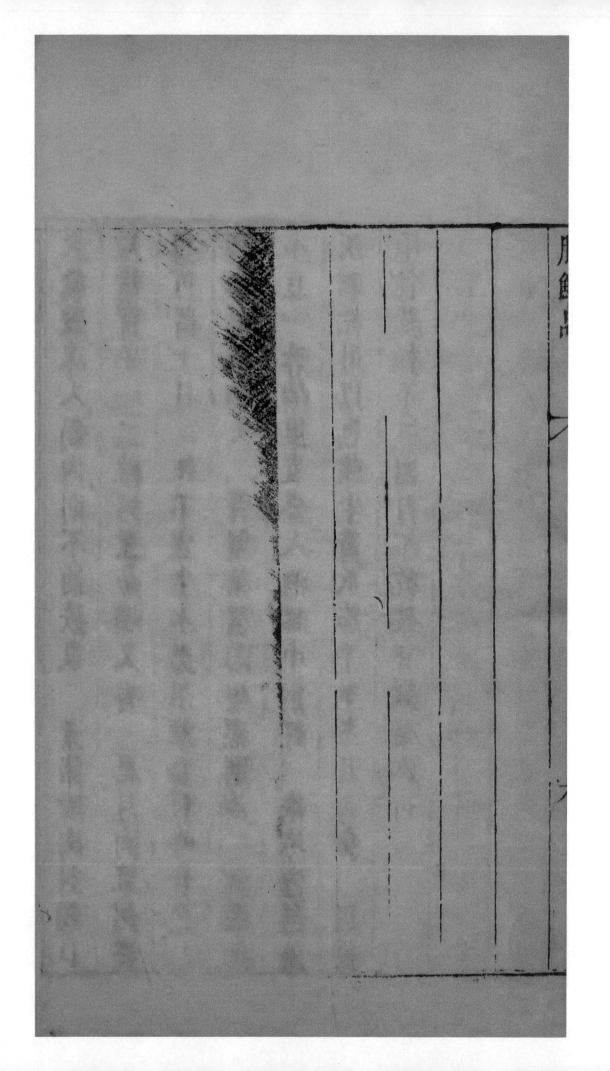

甜食品

古杭高濂

起糖滷法此製甜食先起糖滷此内府秘方也

白糖十斤或多少任意今用行竈安大鍋先用凉水二杓半若杓小糖多斟酌加水在鍋内用木爬攪碎微火一滚用牛乳另調水二杓點之如無牛乳雞子清調水亦可但滚起即點却抽柴息火盖鍋悶一頓飯時揭開鍋將竈内一邊燒火待一邊滚但滚即點數滚如此點之糖内泥泡沫滚在一邊將木杓撈出

泥泡鍋邊滚的沫子又恐焦了將刷兒蘸前調的水
頻刷第二次再滚的泥泡聚在一邊將漏杓撈出第
三次用緊火將白水點滚處沫子牛乳滚在一邊聚
一頓飯時沫子撈得乾淨黑沫去盡白花兒方好用
淨綿布濾過入瓶凡家火俱要潔淨前油膩不潔凡
做甜食若用黑沙糖先須不俱多少入鍋熬大滚用
細夏布濾過方好作用白糖霜預先晒乾方可

炒麵方

白麵要重羅三次將入大鍋內以木爬炒得大熟上

卓古轤槌碾細再羅一次方好做餅食凡用酥油須要新鮮如陳了不堪用矣

松子餅方

松子餅計一料　酥油六兩　白糖滷六兩　白麵一斤　先將酥化開濾入瓦合內傾入糖滷擦勻次將白麵和之揉擦勻淨置卓上捍平用銅圈印成餅子上栽松仁入拖盤熯燥用

麵和油法

不拘斤兩用小鍋糖滷用二杓隨意多少酥油丁小

鍋煎過細布濾淨用生麵隨手下不稀不稠用小爬兒炒至麵熊方好　先將糖滷熬得有綵棍蘸起視之可斟酌傾入油麵鍋內打匀撥起鍋乘熱撥在案上捍開切象眼塊

白閤方

糖滷少加酥油同熬炒麵隨手下攪匀上案捍開切象眼塊子若用銅圈印之即爲甘露餅

雪花酥方

油下小鍋化開濾過將炒麵隨手下攪匀不稀不稠

撥離火洒白糖末下在炒麵內攪勻和成一處上案
捍開切象眼塊

芝什麻方

糖滷下小鍋熬至有絲先將芝蔴去皮曬乾或微炒
乾碾成末隨手下在糖內攪勻和成一處不稀不稠
案上先洒芝蔴末使不沾乘熱撥在案麵上仍著芝
蔴末使不沾古轤槌捍開切象眼塊

黃閩方

家常亦同黑炒糖濾過同糖滷一處熬蜂蜜少許熬

成晾冷隨手下炒麵案上仍着酥油捍開切象眼塊

薄荷切方

薄荷晒乾碾成細末將糖滷下小鍋熬至有絲先下炒麵少許後下薄荷末和成一處案上先洒薄荷末乘熱上案面上仍用薄荷末捍開切象牙塊

酥兒印方

用生麵攙豆粉同和用手捍成條如筯頭大切二分長逐箇用小梳掠印齒花收起用酥油鍋內煠熟漉杓撈起來熱洒白沙糖細末拌之

酒孛你方

用熬麽古料熬成不用核桃香上案攤開用江米粉團定銅圈印之即是酒孛你切象牙者即名白糖塊

椒鹽餅方

白麵二斤香油半斤鹽半兩好椒皮一兩茴香半兩三分爲率以一分純用油椒鹽茴香和麵爲穰更入芝蔴麄屑尤好每一餅夾穰一塊捏薄入爐又法用湯與油對半內用糖與芝蔴屑并油爲穰

酥餅方

油酥四兩蜜一兩白麵一斤搜成劑入印作餅上爐
或用猪油亦可蜜用二兩尤好

素油餅方

白麵一斤眞麻油一兩搜和成劑隨意加沙糖餡印
脫花樣爐内烧熟

糖榧方

白麵入酵待發滚湯搜成劑切作榧子樣下十分滚
油煠過取出糖麵内纏之其纏糖與麵對和成劑

肉餅方

每麪一斤用油六兩餡子與捲煎餅同拖盤熯熟糖煎色刷面

油餽兒方

麪搜劑包餡作餽兒油煎熟餡同肉餅法

五香糕方

上白糯米和粳米二六分芡實乾一分人參白术茯苓砂仁總一分磨極細篩過用白沙糖滚湯拌匀上甑

粉一斗加芡實四兩白术二兩茯苓二兩人參一兩砂仁一錢共爲細末和之白糖一升拌入

鬆糕方

陳粳米一斗砂糖三斤米淘極淨烘乾和糖洒水入臼舂碎於内篩二分米拌舂其粗令盡再和篩或純粉則擇去黑色米凡蒸糕須候湯沸漸漸上粉要使湯氣直上不可外泄不可中阻其布宜疎或稻草攤甑中

煮沙團方

沙糖入赤豆或菉豆煮成一團外以生糯米粉裹作大團蒸或滾湯内煮亦可

粽子法

用糯米淘淨夾棗栗柿乾銀杏赤豆以蘆葉或箬葉
裹之一法以艾葉浸米裹謂之艾香粽子

玉灌肺方

眞粉油餅芝蔴松子胡桃茴香六味拌和成捲入甑
蒸熟切作塊子供食美甚不用油入各物粉或麵同
拌蒸亦妙

餛飩方

白麵一斤鹽三錢和如落索麵更頻入水搜和爲餅
劑少頃揉百遍揪爲小塊捍開菉豆粉爲粹四邊要

薄入餡其皮堅

水滑麵方

用十分白麵揉搜成劑一斤作十數塊放在水内候其麵性發得十分滿足逐塊抽拽下湯煮熟抽拽得潤薄乃好麻膩杏仁膩鹹笋乾醬瓜糟茄薑醃韭黄瓜絲作虀頭或加煎肉尤妙

到口酥方

用酥油十兩白糖七兩白麵一斤將酥化開傾盆内入白糖和勻用手揉擦半個時辰入麵和作一處令

勻捍爲長條分爲小燒餅拖爐微微火焊熟食之

柿霜清膈餅方

用柿霜二斤四兩橘皮八兩桔梗四兩薄荷二兩乾葛二兩防風四兩片腦一錢　共爲末甘草膏和作印餅食一方加川百藥煎一兩

梅蘇丸方

烏梅肉二兩乾葛六錢檀香一錢紫蘇葉三錢炒鹽一錢白糖一斤　右爲末將烏梅肉研如泥和料作小丸子用

糖薄脆法

白糖一斤四兩清油一斤四兩水二碗白麵五斤加酥油椒鹽水少許搜和成劑捍薄如酒鍾口大上用去皮芝麻撒勻入爐燒熟食之香脆

高麗栗糕方

栗子不拘多少陰乾去殼搗爲粉三分之一加糯米粉拌勻蜜水拌潤蒸熟食之以白糖和入妙甚

荆芥糖方

用荆芥細枝扎如花朵蘸糖滷一層蘸芝麻一層焙

乾用

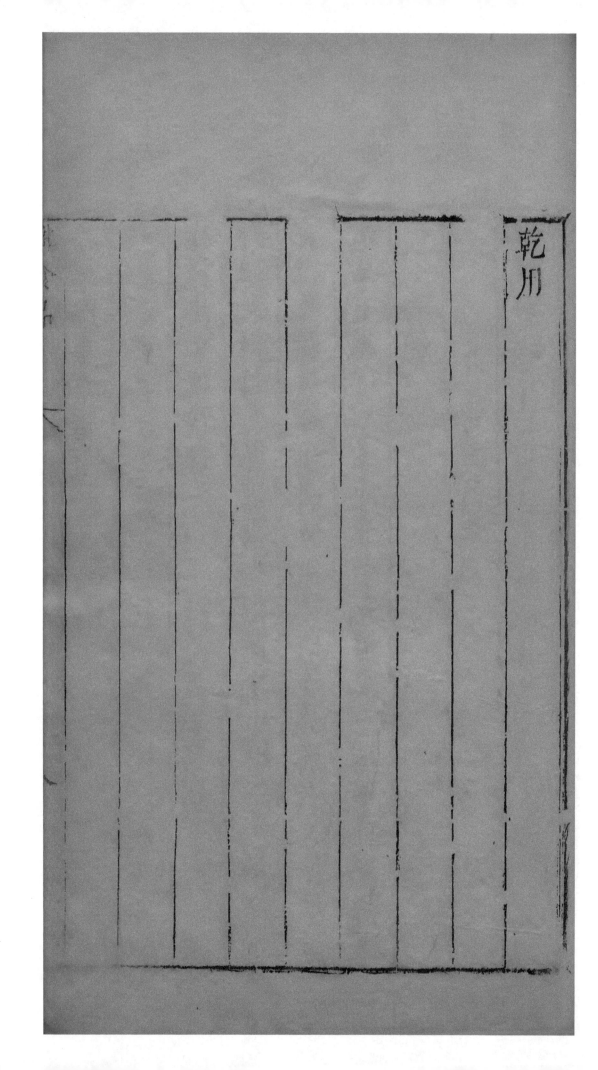

◎

粉麵品

古杭高濂

藕粉

法取麄藕不限多少洗淨截斷浸三日夜毎日換水看灼然潔淨漉出搗如泥漿以布絞淨汁又將藕楂搗細又絞汁盡濾出惡物以淸水少和攪之然後澄去淸水下即好粉

鷄頭粉

取新者晒乾去殼搗之成粉

栗子粉

取山栗切片晒乾磨成細粉

菱角粉

去皮如治藕法取粉

薑粉

以生薑研爛絞汁澄粉用以和羹

葛粉

去皮如上法取粉開胃止煩渴

茯苓粉

取苓切片以水浸去赤汁又換水浸一日如上法取粉拌米煮粥補益最佳

松栢粉

取葉在帶露時採之經隔一宿則無粉矣取嫩葉搗汁澄粉如嫩草鬱葱可愛

百合粉

取新者搗汁如上法取粉乾者可磨作粉

山藥粉

取新者如上法乾者可磨作粉

蕨粉

作餅食之甚妙有治成貨者

蓮子粉

乾者可磨作粉

芋粉

取白芋如前法作粉紫者不用

茨藜粉

相中搗去刺皮如上法取粉輕身去風

括蔞粉

去皮如上法取粉

茱萸麵

取粉如上法

山藥撥魚

白麵一斤好豆粉四兩水攪如調糊將煮熟山藥研爛同麵一并調稠用匙逐條撥入滚湯鍋内如魚片候熟以肉汁食之無汁麵肉加白糖可吃

百合麵

用百合搗爲粉和麵搜爲餅爲麪食亦可

已上諸粉不惟取為籠造凡煮粥俱可配煮凡和麪用黑豆汁和之再無麪毒之害

粥糜品

古杭高濂

芡實粥

用芡實去殼三合新者研成膏陳者作粉和粳米三合煮粥食之益精氣强智力聰耳目

蓮子粥

用蓮肉一兩去皮煮爛細搗入糯米三合煮粥食之治同上

竹葉粥

用竹葉五十片石膏二兩水三碗煎至二碗澄清去楂入米三合煮粥入白糖一二匙食之治膈上風熱頭目赤

蔓菁粥

用蔓菁子二合研碎入水二大碗絞出清汁入米三合煮粥治小便不利

牛乳粥

用眞生牛乳一鍾先用粳米作粥煮半熟去少湯入牛乳待煮熟盛碗再加酥一匙食之

甘蔗粥

用甘蔗榨漿三碗入米四合煮粥空心食之治咳嗽虛熱口燥涕濃舌乾

枸杞粥

用甘州枸杞一合用米三合煮粥食之

山栗粥

用栗子煮粥揉作粉入米煮粥食之

薏苡粥

用薏仁淘淨對配白米煮粥入白糖一二匙食之

沙穀米粥

用沙穀米撿淨水略淘滚水內下一滚即起庶免作糊治下痢甚驗

燕葽粥

用沙礶先煮赤豆爛熟候煮米粥少沸傾赤豆同粥再煮食之

荼蘼粥

採荼蘼花片用甘草湯焯過候粥熟同煮又採木香花嫩葉就甘草湯焯過以油鹽薑醯爲菜之味清芬

真儷供也

山藥粥

用淮山藥爲末四六分配米煮粥食之甚補下元

扁豆粥

白扁豆半斤人參二錢作細片用水煎汁下米作粥食之益精力又治小兒霍亂

蘿蔔粥

用不辣大蘿蔔入鹽煮熟切碎如荳入粥將起一滚而食

百合粥

生百合一升切碎同蜜一兩窨熟煮粥將起入百合三合粥煮食之妙甚

菉豆粥

用菉豆淘淨下湯鍋多水煮爛次下米以緊火同熬成粥候冷食之甚宜夏月適可而止不宜多與

胡麻粥

用胡麻去皮蒸熟更炒令香用米三合淘淨入胡麻二合研汁同煮粥熟加酥食之

茯苓粥

茯苓爲末淨一兩糯米二合先煮粥熟下茯苓末同煮起食治欲睡不得睡

百合粥

生百合一升切碎同蜜一兩窨熟煮粥將起入百合三合同煮食之甚妙

古杭高濂

青脆梅湯

用青脆梅三斤十二兩生甘草末四兩炒鹽一斤生薑一斤四兩青椒三兩紅乾椒半兩青梅須在小滿前採搥碎核去仁不得犯手用乾木匙撥去打拌亦然搥碎之後攤在篩上令水略乾二用生甘草三用炒鹽須待冷四用生薑不經水浸擂碎五用青椒旋摘晾乾前件一齊抄拌仍用木匙抄入新瓶內止可

藏十餘盞湯料者乃留些鹽摻面用雙重油紙緊扎

再紙緊扎瓶口如此方得一肥字也梅與薑或略犯

手切作絲亦可

黃梅湯

肥大黃梅蒸熟去核淨肉一斤炒鹽三錢乾薑末一

錢半乾紫蘇二兩甘草檀香末隨意拌勻置磁器中

晒之收貯加糖點服夏月調水更妙

醍醐湯

烏梅去仁留核一斤甘草四兩炒鹽一兩水煎成膏

一法各等分三味杵爲末拌勻實按入瓶臘月或伏中合半年後焙乾爲末點服或用水煎成膏亦可

須問湯

東坡居士歌堂云三錢生薑乾用一升棗乾用去核二兩白鹽炒黃一兩草炙去皮丁香木香各半錢約量陳皮一處搗去白煎也好點也好紅白容顏直到老

鳳髓湯潤肺療咳嗽

松子仁胡桃肉湯浸去皮各用一兩蜜半兩

右件研爛次入蜜和勻每用沸湯點服

香橙湯

大橙子二斤去肉切作片子連皮用 檀香末半兩 生薑一兩切半兩片子焙乾

甘草末一兩 鹽三錢

右二件用淨砂盆內碾爛如泥次入白檀末甘草末並和作餅子焙乾碾爲細末每用一錢沸湯點服寬中下氣消酒

橄欖湯 止渴生津

百藥煎一兩 白芷一錢 檀香五錢 甘草炙五錢

右件擣爲細末沸湯點服

枸杞湯

地黄枸杞實各取汁一升蜜半升銀器中同煎如稀餳每服一大匙湯調酒皆可實氣養血久服益人

橙湯

橙子五十個 乾山藥末一兩 甘草末一兩 白梅肉四兩

右擣爛焙乾捏成餅子白湯用

洞庭湯

陳皮去皮四兩 生薑四兩

右將薑與橘皮同淹一宿晒乾入甘草末六錢白

梅肉三十個炒鹽五錢和匀沸湯點用

參麥湯

人參一錢門冬六分五味三分

入小礶煎成湯服

萊菔湯

將萊菔淘淨下鍋加水大火三滚取湯停冷色碧食之解暑如多滚則色濁不堪食矣

梅蘇湯

烏梅一斤半炒鹽四兩甘草二兩紫蘇葉十兩檀香

斤兩炒麪十二兩勻和點服

稻葉熟水

採禾苗晒乾每用滚湯入壺中燒稻葉帶焰投入蓋密少頃瀉服香甚

橘葉熟水

採取晒乾如上法泡用

桂葉熟水

採取晒乾如上法泡用

紫蘇熟水

取藥隔紙火上烘焙不可翻動候香收起每用以滾湯洗泡一次傾去將泡過紫蘇入壺傾入滾水服之能寬胸導滯

沉香熟水

用上好沉香一二小塊爐燒烟以壺口覆爐不令烟氣傍出烟盡急以滾水投入壺内蓋密瀉服

丁香熟水

用丁香一二粒搥碎入壺傾上滾水其香鬱然但少熱耳

砂仁熟水

用砂仁三五顆甘草一二錢碾碎入壺中加滾湯泡上其香可食甚消壅隔去胸膈鬱滯

花香熟水

採茉莉玫瑰摘半開蕋頭用滾湯一碗停冷將花蕋浸水中蓋碗密封次早用時去花先裝滾湯一盞入浸花水一二小盞則壺湯皆香藹可服

檀香熟水

如沉香熟水方法

荳蔻熟水

用荳蔻一錢甘草三錢石菖蒲五分爲細片入淨瓦壺澆以滾水食之如味濃再加熱水可用

桂漿

官桂一兩爲末白蜜二碗先將水二斗煮作一斗多入磁罈中候冷入桂蜜二物攪二百餘遍以水楔罈口密封置井中三五日水涼可口每服一二杯祛暑解煩去熱生涼

楮葉飲

採嫩栢葉線繫垂挂一大甕中紙糊其口經月取用如氷甚乾更閉之至乾取爲末如嫩草色不用甕只窨室中亦可但不及瓮中者青翠若見風則黃矣

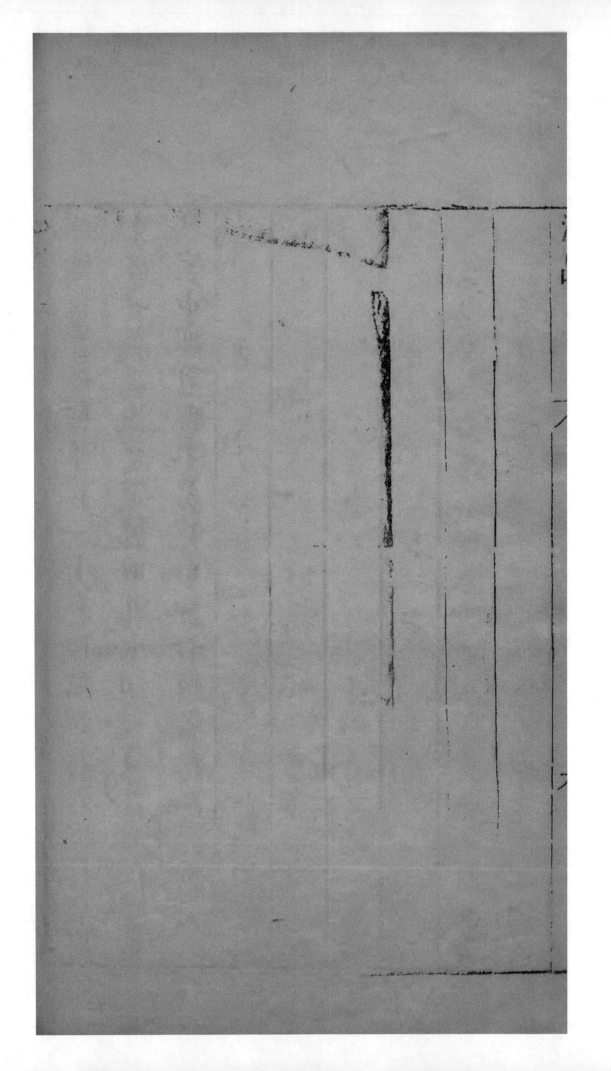

製蔬品

古杭高濂

配鹽瓜菽

老瓜嫩茄合五十斤每斤用淨鹽二兩半先用半兩醃瓜茄一宿出水次用橘皮五斤新紫蘇連根三斤生薑絲三斤去皮杏仁二斤桂花四兩甘草二兩黃豆一斗煮酒五斤同拌入甕合滿捺實箬五層竹片捺定箬紮泥封晒日中兩月取出入大椒半斤茴香砂仁各半斤勻晾晒在日內發熱乃酥美黃豆須揀

大者煮爛以麩皮罨熱去麩皮淨用

糖蒸茄

牛奶茄嫩而大者不去蒂直切成六稜每五十斤用鹽一兩拌匀下湯焯令變色瀝乾用薄荷茴香末夾在内砂糖三斤醋半鍾浸三宿晒乾還滷直至滷盡茄乾壓匾收藏之

蒜梅

青硬梅子二斤大蒜一斤或囊剝淨炒鹽三兩酌量水煎湯停冷浸之候五十日後滷水將變色傾出再

煎其水停冷浸之入瓶至七月後食[illegible]

葷氣也

醬瓜

青瓜堅老而大者切作兩片去穰略用鹽出其水生薑陳皮薄荷紫蘇俱切作絲茴香炒砂仁砂糖拌勻入瓜內用線扎定成個入醬缸內五六日取出連瓜曬乾收貯切碎了曬

蒜瓜

秋間小黃瓜一斤石灰白礬湯焯過控乾鹽半兩醃

一宿又鹽半兩剝大蒜瓣三兩擣爲泥與瓜拌勻傾
入醃下水中熬好酒醋浸着涼處頓放冬瓜茄子同
法

三煮瓜

青瓜堅老者切作兩片每一斤用鹽半兩醬一兩紫
蘇甘草少許醃伏時連滷夜煮日晒凡三次煮後晒
至雨天留甑上蒸之晒乾收貯

蒜苗乾

蒜苗切寸段一斤鹽一兩淹出臭水略晾乾拌醬糖

少許蒸熟晒乾收藏

藏芥

芥菜肥者不犯水晒至六七分乾去葉每斤鹽四兩淹一宿取出每莖扎成小把置小瓶中倒瀝盡其水并煎醃出水同煎取清汁待冷入瓶封固夏月食

菉豆芽

將菉豆冷水浸兩宿候漲換水淘兩次烘乾預掃地潔淨以水洒濕鋪紙一層置豆於紙上以盆蓋之一日兩次洒水候芽長淘去亮沸湯略焯薑醋和之肉

爍尤宜

芥辣

二年陳芥子碾細水調納實椀內韌紙封固沸湯三五次泡出黃水覆冷地上頃後有氣入淡醋解開布濾去查　又法加細辛二三分更辣

醬佛手香櫞梨子

梨子帶皮入醬缸內久而不壞香櫞去穰醬皮佛手全醬新橘皮石花麪筋皆可醬食其味更佳

糟茄子法

五茄六糟鹽十七更加河水甜如蜜　茄子五斤糟六斤鹽十七兩河水兩三碗拌糟其茄味自甜此藏茄法也非暴用者　又方中樣晚茄水浸一宿每斤用鹽四兩糟一斤亦妙

一　糟薑方

薑一斤糟一斤鹽五兩揀社日前可糟不要見水不可損了薑皮用乾布擦去泥曬半乾後糟鹽拌之入甕

素笋鮓

用好麩六七個扯如小指大條子秤五斤入湯內煮
三四沸捺在笊箕內帶熱榨乾先焙蒔蘿茴香共半
合碾碎不可細了揀花椒片小半合赤麯米大半合
以湯泡軟披葱頭須半碗杏仁一合許去皮尖擂碎
用酒調蕩湯熬油二兩於鍋內候熱住火先傾杏仁入
油沸過次下麩及料物用鐵鏟頻翻三四轉嘗其鹹
淡逐漸筬於器中將溫赤麯旋摻入捺實以荷葉蓋
上用竹片拴定以石壓之三四個時辰可用

又筍鮓方

春間取嫩笋剝淨去老頭切作四分大一寸長籠上

籠蒸熟以布包裹榨作極乾投於器中下油四兩製造

與麩鮓同

糟蘿蔔方

蘿蔔一斤鹽三兩以蘿蔔不要見水揩淨帶鬚半根

曬乾糟與鹽拌過次入蘿蔔又拌過入甕此方非暴

嘆者

做蒜苗方

苗用些少鹽淹一宿晾乾湯焯過又晾乾以甘草湯

拌過上甑蒸之曬乾入甕

三和菜

淡醋一分酒一分水一分鹽甘草調和其味得所煎滾下菜茴絲橘皮絲各少許白芷一二小片糝菜上重湯頓勿令開至熟食之

暴虀

菘菜嫩莖湯焯半熟紐乾切作碎段少加油略炒過入器内加醋些少停少頃食之

胡蘿蔔菜

取紅細胡蘿蔔切片同切芥菜入醋略醃片時食之

甚嫩仍用鹽些少大小茴香薑橘皮絲同醋共拌醃食

胡蘿蔔鮓

切作片子滚湯略焯控乾入少許葱花大小茴香薑橘絲花椒末紅麯研爛同鹽拌勻罨一時食之

又方

白蘿蔔茭白生切笋煮熟三物俱同此法作鮓可供

晒淡笋乾

鮮笋猫耳頭不拘多少去皮切片條沸湯焯過晒乾收貯用時米泔水浸軟色白如銀鹽湯焯即醃笋矣

蒜菜

用嫩白蒜菜切寸段每十斤用炒鹽四兩每醃一碗水二盞浸菜於瓮內

做瓜法

用堅硬生瓜切開去穰揩乾不要犯水切三角小塊以十斤爲率用鹽半斤放瓮內淹一宿明早以苧布代之用石壓乾蒔蘿茴香花椒橘皮紫蘇生薑

各五錢俱切絲和瓜拌勻好砂糖十兩以醋二碗浸
糖極爛以磁器盛之把在日中晒頻翻轉以汁熬爲
度乾則入瓶收貯

淡茄乾方

用大茄洗淨鍋内煮過不要見水擘開用石壓乾趂
日色晴先把瓦晒熱攤茄子於瓦上以乾爲度藏至
正二月内和物勻食其味如新茄之味

十香鹹豉方

生瓜并茄子相半每十斤爲率用鹽十二兩先將内

四兩醃一宿瀝乾生薑絲半斤活紫蘇連梗切斷半斤甘草末半兩花椒揀去梗核碾碎二兩茴香一兩蒔蘿一兩砂仁二兩藿葉半兩如無亦罷先五日將大黃豆一升煮爛用炒麸皮一升拌罨做黃子待熟過篩去麸皮止用豆豉用酒一瓶醋糟大半碗與前物共和打拌泡乾淨甕入之捺實用箬四五重蓋之竹片廿字打定再將紙箬扎甕口泥封曬日中至四十日取出略晾乾入甕收之如曬可二十日轉過甕使日色週遍

又造芥辣法

用芥菜子一合入擂盆研細用醋一小盞以水和之再用細絹擠出汁置水缸涼處臨用將再加醬油醋調勻其辣無比其味極妙

芝麻醬方

熟芝麻一斗搗爛用六月六日水煎滾晾冷用罈調勻水淹一手指封口曬五七日後開罈將黑皮去後加好酒釀糖三碗好醬油三碗好酒二碗紅麯末一升炒菉豆一升炒米一升小茴香末一兩和勻過二

七日後用

醬瓜茄法

黄子一斤瓜一斤鹽四兩將瓜擦原醃瓜水拌勻醬黄每日盤二次七七四十九日入罈

乾閉甕菜

菜十斤炒鹽四十兩用缸醃菜一皮菜一皮鹽醃三日取起菜入盆内揉一次將另過一缸鹽滷收起聽用又過三日又將菜取起又揉一次將菜另過一缸留鹽汁聽用仰此九遍完入甕内一層菜上洒花椒

小茴香一層又裝菜如此緊緊實實裝好將前醬起菜滷每罈汰三碗泥起過年可吃

撒拌和菜

將麻油入花椒先時熬一二滾收起臨用時將油倒一碗入醬油醋白糖些些少調和得法安起凡物用油拌的即倒上些些少拌吃絕妙如拌白菜豆芽水芹須將菜入滾水焯熟入清水漂着臨用時榨乾拌油方吃菜色青翠不黑又脆可口

水豆豉法

好黄子十斤好鹽四十兩金華甜酒十碗先日用滾湯二十碗充調鹽作滷留冷淀清聽用將黄子下缸入酒入鹽水曬四十九日完方下大小茴香各一兩草果五錢官桂五錢木香三錢陳皮絲一兩花椒一兩乾薑絲半斤杏仁一斤各料和入缸內又曬又打二日將罈裝起隔年吃方好蘸肉吃更妙

倒蒜菜

每菜一百斤用鹽五十兩醃了入罈裝實用鹽滷調毛灰如乾麵糊口上難過封好不必草塞用芥葉菜

要落水晾乾飲了用滚湯一焯就起箴籬撈在篩子内晾冷將焯菜湯晾冷將篩子内菜用鬆鹽些少撒拌入瓶後加晾冷菜滷浸上包好安頓冷地上

蒸乾菜

將大窠好菜擇洗淨乾入沸湯内焯五六分熟曬乾用鹽醬蒔蘿花椒砂糖橘皮同煮極熟又曬乾并蒸片時以磁器收貯用時着香油揉微用醋飯上蒸食

鵪鶉茄

揀嫩茄切作細縷沸湯焯過控乾用鹽醬花椒蒔蘿

茴香甘草陳皮杏仁紅豆研細末拌勻曬乾蒸過收
之用時以滾湯泡軟蘸香油煠之

食香瓜茄

不拘多少切作棊子每斤用鹽八錢食香同瓜拌勻
於缸內醃一二日取出控乾日曬晚復入滷水內次
日又取出曬凡經三次勿令太乾裝入罈內用

糟瓜茄

瓜茄等物每五斤鹽十兩和糟拌勻用銅錢五十文
逐層鋪上經十日取錢不用別換糟入瓶收久翠色

如新

茭白鮓

鮮茭切作片子焯過控乾以細葱絲蒔蘿茴香花椒紅麴研爛幷鹽拌勻同醃一時食藕梢鮓同此造法

糖醋茄

取新嫩茄切三角塊沸湯漉過布包榨乾鹽淹一宿曬乾用薑絲紫蘇拌勻煎滾糖醋潑浸收入磁器內瓜同此法

糟薑

社前取嫩薑不拘多少去蘆擦淨用酒和糟鹽拌勻入磁罈中上加沙糖一塊箬葉扎口泥封七日可食

蒜冬瓜

揀大者去皮穰切如一指闊以白礬石灰煎湯焯過漉出控乾每斤用鹽二兩蒜瓣三兩搗碎同冬瓜裝入磁器添以熬過好醋浸之

醃鹽韭法

霜前揀肥韭無黃稍者擇淨洗控乾於磁盆內鋪韭一層糝鹽一層候鹽韭勻鋪盡為度醃一二宿翻數

次裝入磁罐內用原滷加香油少許尤妙一或就韭

內醃小黃瓜小茄兒別用鹽醃去水韭內拌勻收貯

造穀菜法

用春不老菜臺去葉洗淨切碎如錢眼子大晒乾水氣勿令太乾以薑絲炒黃豆大每菜一斤用鹽一兩入食香相停揉回滷性裝入罐內候熟隨用

黃芽菜

將白菜割去梗葉止留菜心離地二寸許以糞土壅平用大缸覆之缸外以土密壅勿令透氣半月後取

食其味最佳　黃芽韭薑芽蘿蔔芽川芎芽其法亦同

酒豆豉方

黃子一斗五升篩去麵令淨茄五斤瓜十二斤薑觔十四兩橘絲隨放小茴香一升炒鹽四斤六兩青椒一斤一處拌入瓮中捺實傾金花酒或酒娘醃過各物兩寸許紙箬札縛泥封露四十九日罈上寫東西字記號輪晒日滿傾大盆內晒乾爲度以黃草布罩蓋

紅鹽豆

先將鹽霜梅一個安在鍋底下淘淨大粒青豆蓋梅又將豆中作一窩下鹽在內用蘇木煎水入白礬些少沿鍋四邊澆下平豆爲度用火燒乾豆熟鹽又不泛而紅

五美薑

嫩薑一斤切片用白梅半斤打碎去仁入炒鹽二兩拌勻晒三日次入甘松一錢甘草五錢檀香末二錢又拌晒三日收用

醃芥菜 每菜十斤用鹽八兩爲則

十月内採鮮嫩芥菜切碎湯焯帶水撈於盆内與生蒿苣熟蔴油芥花芝麻鹽拌勻實於甕内三五日吃至春不變

食香蘿蔔 每蘿蔔十斤用鹽八兩醃之

切作骰子大鹽醃一宿日中曬乾切薑橘絲大小茴香拌勻煎滚熟醋澆上用磁瓶盛日中曬乾收貯

糟蘿蔔茭白筍菜瓜茄等物

用石灰白礬煎湯冷定將前物浸一伏時將酒滚熱

泡糟入鹽文入銅錢一二文量糟多少加入罎十日
取起另換好糟入鹽酒拌入罈內收貯箬扎泥封

五辣醋方

醬一匙醋一錢白糖一錢花椒五七粒胡椒一二粒
生薑一分或加大蒜一二瓣更妙

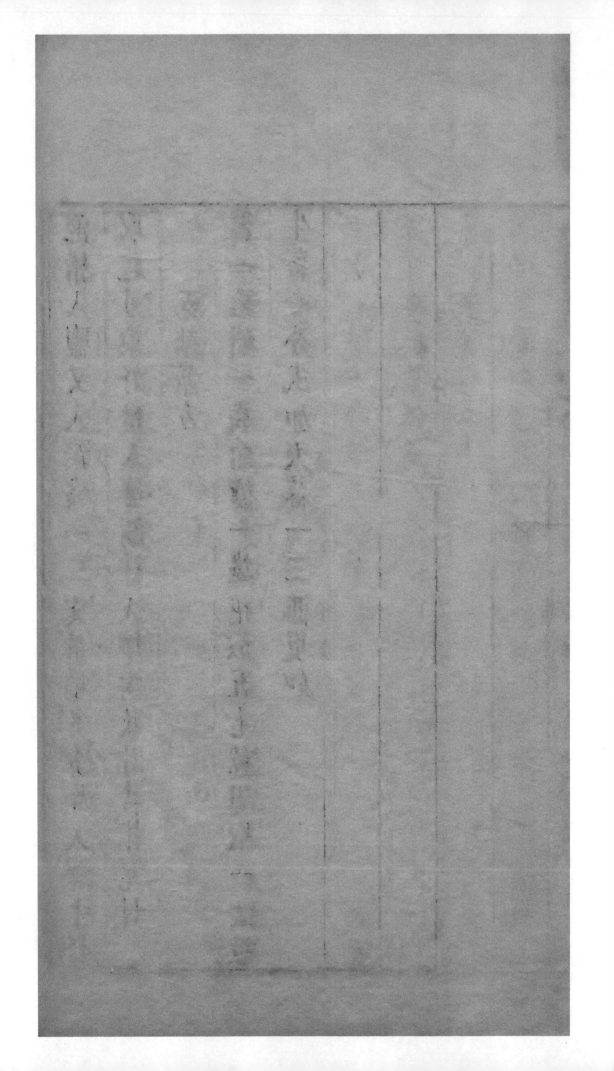

茶箋

東海屠隆

茶品

與茶經稍異今烹製之法亦與蔡陸諸前人不同矣

虎丘

最號精絕爲天下冠惜不多產皆爲豪右所據寂寞山家無繇獲購矣

天池

青翠芳馨噉之賞心嗅亦消渴誠可稱仙品諸山之

茶疋當退舍

陽羨

俗名羅岕浙之長興者佳荆溪稍下細者其價兩倍

天池惜乎難得須親自採收方妙

六安

品亦精入藥最效但不善炒不能發香而味苦茶之

本性實佳

龍井

不過十數畝外此有茶似皆不及大抵天開龍泓美

泉山靈特生佳茗以副之耳山中僅有一二家炒法甚精近有山僧焙者亦妙眞者天池不能及也

天目

爲天池龍井之次亦佳品也地志云山中寒氣早嚴山僧至九月即不敢出冬來多雪三月後方通行茶之萌芽較晚

採茶

不必太細細則芽初萌而味欠足不必太青青則茶以老而味欠嫩須在穀雨前後覓成梗帶葉微綠色

而團且厚者爲上更須天色晴明採之方妙若閩廣嶺南多瘴癘之氣必待日出山霽霧障嵐氣收淨採之可也穀雨日晴明採者能治痰嗽療百病

日曬茶

茶有宜以日曬者青翠香潔勝以火炒

焙茶

茶採時先自帶鍋灶入山別租一室擇茶工之尤良者倍其僱值戒其搓摩勿使生硬勿令過焦細細炒燥扇冷方貯罌中

藏茶

茶宜箬葉而畏香藥喜溫燥而忌冷濕故收藏之家先於清明時收買箬葉揀其最青者預焙極燥以竹絲編之每四片編爲一塊聽用又買宜興新堅大甖可容茶十斤以上者洗淨焙乾聽用山中焙茶回復焙一番去其茶子老葉枯焦者及梗屑以大盆埋伏生炭覆以灶中敲細赤火既不坐烟又不易過置茶焙下焙之約以二斤作一焙別用炭火入大爐內將甖懸架其上至燥極而止以編箬襯於甖底茶燥者

扇冷方先入罌茶之燥以拈起即成末爲驗隨焙隨入既滿又以箬葉覆於罌上每茶一斤約用箬二兩口用尺八紙焙燥封固約六七層壓以方厚白木板一塊亦取焙燥者然後于向明淨室高閣之用時以新燥宜興小瓶取出約可受四五兩隨即包整夏至後三日再焙一次秋分後三日又焙一次一陽後三日又焙之連山中共五焙直至交新色味如一罌中用淺更以燥箬葉貯滿之則久而不浥

又法

以中罈盛茶十斤一瓶每瓶燒稻草灰入于大桶將茶瓶座桶中以灰四面塡桶瓶上覆灰築實每用撥開瓶取茶些少仍復覆灰再無蒸壞次年換灰

又法

空樓中懸架將茶瓶口朝下放不蒸緣蒸氣自天而下也

養水

取白石子瓮中能養其味亦可澄水不淆

洗茶

凡烹茶先以熟湯洗茶去其塵垢冷氣烹之則美

候湯

凡茶須緩火炙活火煎活火謂炭火之有焰者以其去餘薪之烟雜穢之氣且使湯無妄沸庶可養茶始如魚目微有聲爲一沸緣邊湧泉連珠爲二沸奔濤濺沫爲三沸三沸之法非活火不成如坡翁云蟹眼已過魚眼生颼颼欲作松風聲盡之矣若薪火方交水釜纔熾急取旋傾水氣未消謂之嫩若人過百息水踰十沸或以話阻事廢始取用之湯已失性謂之

老老與嫩皆非也

注湯

茶已就膏宜以造化成其形若手顫臂嚲惟恐其深瓶嘴之端若存若亡湯不順通則茶不匀粹是謂緩注一甌之茗不過二錢茗盞量合宜下湯不過六分萬一快瀉而深積之則茶少湯多是謂急注緩與急皆非中湯欲湯之中臂任其責

擇器

凡瓶要小者易候湯又點茶注湯有應若瓶大啜存

停久味過則不佳矣所以策功見湯業者金銀爲優貧賤者不能具則甆石有足取焉甆瓶不奪茶氣幽人逸士品色尤宜石凝結天地秀氣而賦形琢以爲器秀猶在焉其湯不良未之有也然勿與誇珍衒豪臭公子道銅鐵鉛錫腥苦且澀無油瓦瓶滲水而有土氣用以煉水飲之逾時惡氣纏口而不得去亦不必與猥人俗輩言也

滌器

茶瓶茶盞茶匙生鉎致損茶味必須先時洗潔則美

熁盞

凡點茶必須熁盞令熱則茶面聚乳冷則茶色不浮

擇薪

凡木可以煮湯不獨炭也惟調茶在湯之淑慝而湯最惡煙非炭不可若暴炭膏薪濃烟蔽室實爲茶魔或柴中之麩火焚餘之虛炭風乾之竹篠樹梢燃鼎附瓶頗甚快意然體性浮薄無中和之氣亦非湯友

茶効

人飲眞茶能止渴消食除痰少睡利水道明目益思

除煩去膩出本草拾遺人固一日不可無茶然或有忌而不飲每食已輒以濃茶漱口煩膩旣去而脾胃自清凡肉之在齒間者得茶漱之乃盡消縮不覺脫去不煩刺挑也而齒性便苦緣此漸堅密蠹毒自去矣然率用中下茶出蘇文

人品

茶之爲飲最宜精行修德之人兼以白石清泉烹煮如法不時廢而或興能熟習而深味神融心醉覺與醍醐甘露抗衡斯善賞鑒者矣使佳茗而非其人猶

汲泉以灌蔫菜罪莫大焉有其人而未識其趣一吸而盡不暇辨味俗莫甚焉司馬溫公與蘇子瞻嗜茶墨公云茶與墨正相反茶欲白墨欲黑茶欲重墨欲輕茶欲新墨欲陳蘇曰奇茶妙墨俱香公以爲然

茶具

苦節君 湘竹風鑪　建城 藏茶箬籠　湘筠焙 焙茶箱蓋其上以收火氣也隔其中以有容也納火其下去茶尺許所以養茶色香味也　雲屯 泉缶　烏府 盛炭籃　水曹 滌器桶　鳴泉 煮茶礶　品司 編竹爲撞收貯各品葉茶　沉垢 古茶洗　分盈 水杓即茶經水則每兩升用茶一兩　執權 準茶秤每茶一兩用水二升　合香 藏日支茶瓶以貯司品者　歸

潔 竹筅箒用以滌壺 漉塵 洗茶籃 商象 古石鼎 遞火 銅火斗 降紅 銅火筯不用連索 團風 湘竹扇 注春 茶壺 靜沸 竹架卽茶經支腹 運鋒 鑱果刀

啜香 茶甌 撩雲 竹茶匙 甘鈍 木砧墩 納敬 湘竹茶橐 易持 納茶漆雕祕閣

受汚 拭抹布

煎茶七類

山陰徐渭

一人品

煎茶非漫浪要須其人與茶品相得故其法每傳於高流隱逸有雲霞泉石磊塊胸次間者

二品泉

泉品以山水爲上次江水井水次之井取多汲者汲多則水活然須旋汲旋煮汲久宿貯味減鮮冽

三煎點

煎用活火候湯眼鱗起沫餑鼓泛投茗器中初入湯少許俟湯茗相投即滿注雲脚漸開乳花浮面則味全驟則泛味過熟則味昏底滯

四嘗茶

茶入口先灌嗽須徐咽俟甘津潮舌則得真味雜他果則香味俱奪

五茶候

凉臺靜室明窗曲几僧寮道院松風竹月晏坐行吟清譚把卷

六茶侣

翰卿墨客緇流羽士逸老散人或軒冕之徒超軼世味者

七茶勳

除雪煩滯滌醒破睡談客書倦是時茗碗策勳不滅清煙

饌客約

武林王道焜

吾輩立身交與從簡是爲實際過侈索無餘味即宴敘一節邇來層盞築肉爭以多品相矜尚余向亦未免徇俗然毎于饌畢宴歸益覺坡翁三養之說意旨深永姑就世法中較之有三不宜三宜何從焉蓋多品必多戕殺不宜一多品必多靡幸致無下箸不宜二多品必多費難繼客至或以他辭相謝不宜三使就減則物品易足不至求備無傷好生一於心術

宜蔬減則數餚易辦煎韭烹葵咸可精美二千口體
宜蔬減則財費易給遠訪者隨時可以相留頻顧者
量力可以常欵三千交誼宜但須斟酌世法之中爲
可畫一之數飯則定爲三餚佐以湯正席定爲五餚
四菓佐以麵蒸二粉湯一換席定爲十二小簋佐以
湯麵一酒則期盡歡而止輿從尤當體恤然主人料
理不及縱分餽餘未盡果腹不如肩輿每乘勞銀三
分大轎倍之從每人勞銀二分各聽自便乃爲實惠
若山游湖泛再加魚菜小飯踰此約者不敢赴罪此

約者不敢攀庶幾不失坡翁三養之旨昔范忠宣公眞率會詩盍簪既屢宜從簡爲具雖疎不媿貧與司馬文富諸耆英皆爾何吾儕宴會侈費是尚乎坡翁云賓客盛饌則三之今余折三而五於俗尚似爲簡于坡翁則已侈且見海內楊孟公余集生兩公皆倣坡翁意行近如陳則梁亦久用三豆人無閒言益必豫約則已不嫌非賓不罪踈故遂書梓以告諸同志云

約欵

飯三餚酌客之多寡用簋之大小簋內勿虛架

正席五餚須大簋勿虛架亦勿多用牲并蝦膳小生之類恐客有戒者未便

換席十二小簋或菓脯蔬筍等類聽便期可佐酒勿多用糖食

酒取清冽久醞有京洛風韻即市沽亦須山泉氣味者

啟用古折或八行勿槩莊嚴稱謂襲虛套

當道暨新親大宴不在此例然亦宜稍存素風以挽

靡俗

居家必備八

居家必備卷八

藝學上

俗呼小錄一

古今諺

釋常談

俗考

六義圖解

宋　王應電

六義貫珠圖

此圖本出六書本義六義相關圖但尗糸本象形字彼因指事之義不明遂誤爲指事故别爲中數圖欲使多見則易明也

二
古上字象物在一上形

干
干下犯上也
干象反上意

夕
夕暮也从月省
象新月之意

口
口象形

䇂
䇂讀若愆過也从
干犯上爲過失意

名
名物之名稱也
从夕夜不見色而
呼之象意兼爲
聲名功名字

辟
辟兵亦切刑法也从正名
其罪措致于法之意壁璧
襞諸聲轉爲辟除違辟放
辟辟喻字闢避僻譬諧聲

目象形

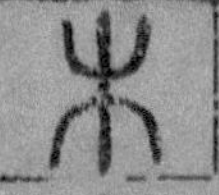
木象形

心象形

乡手省形

舉象加扛合象而舉之意

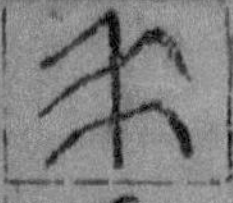
禾象垂穗形

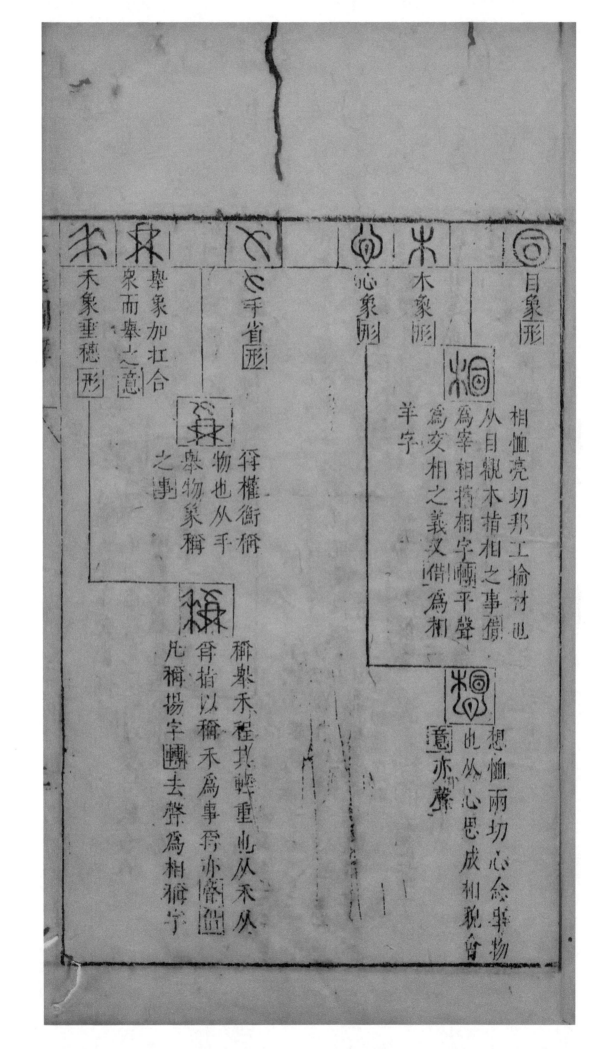

相恤亮切邦工揄材也从目覩木揩相之事借為宰相揩相字轉平聲為交相之義又借為相羊字

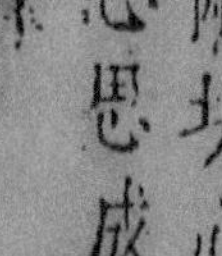
想恤兩切心念事物也从心思成相貌會意亦聲

爯權衡稱物也从手舉物象稱之事

稱舉禾程其輕重也从禾从爯指以稱禾為事爯亦聲借凡稱揚字轉去聲為相稱字

工
工制器之人也象取法于天地意

穴
穴穿土爲室也象中空形

空
空从工在穴中指爲空之事借凡空虛字轉去聲爲空缺字

手
手象形

控
控制馭也从手諧空聲

凡
凡旁上慢也象形借爲凡物字

虫
虫象形

風
風以帆受風驅風動虫生會意借爲風化字轉去聲爲風曉字

言
言象口中出言形

諷
諷曉也从言从風言如風感動指諷之事亦諧聲借爲諷誦字

六義相關圖

象形

屮 象屮生有二葉附牙形

𣎳 枲莖皮从屮兩垂指枲皮之形

巿 象佩巾在結帶之形

指事

㡀 細絲从巾中指細絲絞

會意

索 昔各切繩也从𣎳糸者繩索以朩皮細糸爲之故也

轉注 注也昔搏轉也切揆各求昔同共索本與

假借 索本又繩盡索也字摸假索借求為

諧聲

𡩋 昔各切入家搜也从宀索形

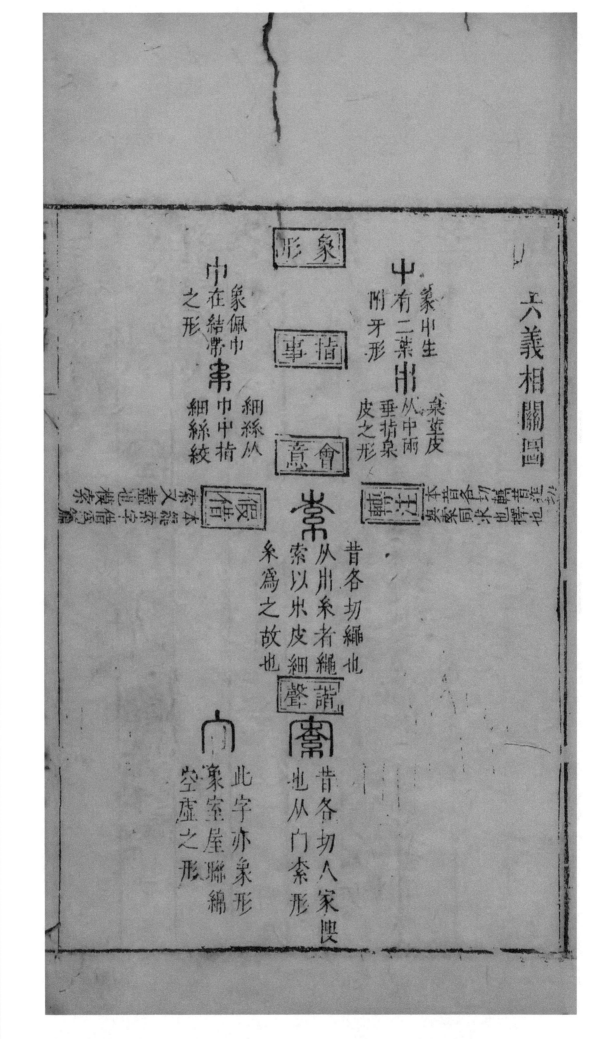

宀 此字亦象形象室屋聯綿空虛之形

永陽筆訣

唐　李永陽

側勢第一

側者側下其筆使墨精暗墜徐乃反揭則稜利矣乃永字頭一點是也

先左揭其腕次輕蹲其鋒取勢緊則乘機頓剉借勢出之疾則失中過又成俗

勒勢第二

即是永字第二筆橫畫之法築鋒而策仰筆而後收

准此用筆之形勢自彰矣

努勢第三

努者即是永字第三筆爲努筆之法豎筆而徐行近左引勢一本無近左引勢四字勢不欲直直則無力矣

凡傍卷微曲感筆累走而進之直則衆勢失力滯則神氣怯散夫勢須側鋒顧右潛趯輕挫其揭

趯勢第四

即是努筆下殺筆趯起是也法須挫衄一 云其法尋

回轉筆出鋒竒思消息之則神一作先蹤不墜矣

傍鋒輕揭借勢之不勁筆不剉剉則意不深趯與挑一也鋒貴于澀出適期于倒取所謂欲挑而還置也

策勢第五

策者即永字第五筆其法始築筆而仰策徐轉筆而成形依形以獲妙則迥爾而超羣也

仰筆潛鋒以鱗勒之法揭腕趯一作趯勢欲右潛鋒之要在盡勢暗捷歸于右也夫策筆仰鋒豎趯

借勢峻傾于掠也

掠勢第六

掠者即永字第六筆法從策筆下左出而鋒利下不墜則自然佳

撇過謂之掠借于策勢以輕駐鋒右揭其腕加以迅出勢旋于左法在澁而勁意欲暢而腕遲留則傷于緩滯庅疾之旁永木左皆是也夫側鋒左出謂之掠

啄勢第七

即永字第七筆也其法則側筆而速進勁硬若鐵石
而不墜於斯為妙矣
左向之勢須盡為啄接筆蹲鋒潛趯于右借勢收
鋒迅直旋合須精嶮衂出去其緩滯自烏字頭斜
皆是也夫筆鋒及紙為啄在潛動而啄之

磔勢第八

即是永字第八筆其法始入筆緊築而仰便下徐行
勢足以磔開其筆或藏鋒出鋒由重鋒緩則其質肥
宜以嶮澀而遒勁徐行勢而後磔藏鋒出鋒豈必圖

也

右逸之波背名磔右揭其腕逐勢緊趯傍筆迅磔

盡勢輕揭潛以暗收在勁迅得之夫磔法筆鋒須

趯勢欲嶮而澁得勢而輕揭暗收存勢候其勢盡

磔之

書法

唐 歐陽詢

排疊

字欲其排疊疎密停均不可或濶或狹如壽臺畫筆麗羸爨系旁言旁之類八訣所謂分間布白又曰調勻點畫是也高宗書法所謂堆垛亦是也

避就

避密就疎避險就易避遠就近欲其彼此映帶得宜又如廬字上一撆既尖下一撆不當相同府字

一筆向下一筆向左逢字下乏拔出則上必作點亦避重疊而就簡徑也

頂戴

字之承上者多惟上重下輕者頂戴欲其得勢如疊壘鶯鸞鷲馨聲醫之類八訣所謂正如人上稱下載又謂不可頭輕尾重是也

穿插

字畫交錯者欲其疏密長短大小勻停如中弗井曲冊兼禹禺爽爾襄甬耳婁由垂車無密之類八

訣所謂四面停匀八邊具備是也

向背

字有相向者有相背者各有體勢不可差錯相向如非卯好知和之類是也相背如北兆肥根之類是也

偏側

字之正者固多若有偏側欹斜亦當隨其字勢結體偏向右者如心戈衣幾之類向左者如夕朋乃勿少夵之類正如偏者如亥女丈乂互不之類字

法所謂偏者正之正者偏之又其妙也八訣又謂

勿令偏側亦是也

挑掩

字之形勢有須挑掩者如戈弋武丸氣之類如獻

斷散斷左邊既多須得右邊掩之如省炙之類上

偏者須得下掩之使相稱乃善

相讓

字之左右或多或少須彼此相讓方爲盡善如馬

旁糸旁鳥旁諸字須左邊平直然後右邊可作字

否則妨礙不便如綠字以中央言字上畫短讓兩系出如辦其中近下讓兩辛出如鷗鷃馳字兩旁俱上狹下潤亦當相讓使不妨礙然後爲佳此類是也

補空

如我哉字作點須對左邊實處不可與成戟戈諸字同如襲辟餐贛之類欲其四滿方正也如醴泉銘建字是也

貼零

如令令冬寒之類是也

粘合

字之本相離開者即欲粘合使相着顧揖乃佳如諸偏旁字卧鑿非門之類是也

滿不要虛

如園圃圖國四包南隔目四匃之類是也

意連

字有形斷而意連者如之以心必小川州水求之類是也

覆冒

字之上大者必覆冒其下如雲頭穴宀䍃頭奢金食𠓗巷泰之類是也

垂曳

垂如都鄉卿卯拜𠓗之類曳如水支欠皮更辶走民也之類是也

借換

如醴泉銘秘字就示字右點作必字左點此借換也黄庭經庭字𦾔字亦借換也又如靈字法帖中

或作罜或作小亦借換也又如蘇之爲蘓秋之爲烁鵝之爲鵞爲鵝之類爲其字難結體故互換如此亦借換也所謂東映西帶是也

增減

字有難結體者或因筆畫少而增添如新之爲新建之爲建是也或因筆畫多而減省如曹之爲曹美之爲美但欲體勢茂美不論古字當如何書也

應副

字之點畫稀少者欲其彼此相映帶故必得應副

相稱而後可又如龍詩譬轉必一畫對一畫相應亦相副也

撐拄

字之獨立者必得撐拄然後勁健可觀如可下永亭亭寧丁手司卉草矛巾千予于亏之類是也

朝揖

字之凡有偏旁者皆欲相顧兩文成字者爲多如鄒謝鋤儲與三體成字者尤欲相朝揖八訣所謂迎相顧揖是也

救應

凡作字一筆纔落便當思第二三筆如何救應如何結裹書法所謂意在筆先文向思後是也

附麗

字之形體有宜相附近者不可相離如彡影飛起超飲勉凡有文欠支旁者之類以小附大以少附多是也

回抱

回抱向左者曷丐易匊之類向右者如艮鬼包旭

乇之類是也

包裹

謂如圂圃打圈之類四圍包裹也尚向上包下幽凶下包上匱匡左包右句匃右包左之類是也

卻好

謂其包裹鬬湊不致失勢結束停當皆得其宜也

小成大

字以大成小者如門之下大者是也以小成大則字之成形及其小字故謂之小成大如孤字只在

末後一乀寧字只在末後一勾欠字一捺弋字一點之類是也

小大成形

謂小字大字各字有形勢也東坡先生曰大字難於結密而無間小字難於寬綽而有餘若能大字結密小字寬綽則盡善盡美矣

小大　大小

書法曰大字促令小小字放令大自然寬猛得宜譬如日字之小難與國字同大如一字二字之疎

亦欲字畫與齊者相間必當思所以位置排布令一相映帶得宜然後爲上或曰謂上小下大上大下小欲其相稱亦一說也

左小右大

此一節乃字之病左右大小欲其相停人之結字易於左小而右大故此與下二節皆字之病也

左高右低　左短右長

此二節皆字之病不可左高右低是爲單肩左短右長八訣所謂勿令左短右長是也

學歐書者易於作字狹長故此法欲其結束整齊收斂緊密排疊次第則有老氣書譜所謂密爲老氣此所以貴爲䆮也

各自成形

凡寫字欲其合而爲一亦好分而異體亦好由其能各自成形故也至於疎密小大長短濶狹亦然要當消詳也

相管領

欲其彼此顧盼不失位置上欲覆下下欲承上左右亦然

應接

字之點畫欲其互相應接兩點者如小八忄自相應接三點者如系則左朝右中朝上右朝左四點如然無二字則兩旁二點相應中間相接又作灬亦相應接至於丿乀水木州無之類亦然已上皆言其大略又在學者能以意消詳觸類而長之可也

言其大略

勿相應接至於丿乀永本無點之類亦然已上皆

如糸鄉二字則兩旁二點轉應中間相接又作川

應接三點者如糸則左朝右中向上右朝左則點

字之六點盡欲其互相應接兩點者如小八忄自相

應接

一右一左

欲其彼此顧盼不失位置上欲覆下下欲承上左

續書譜

宋　姜堯章

總論

眞行草書之法其源出于蟲篆八分飛白章草等圓勁古淡則出于蟲篆點畫波發則出于八分轉換向背則出于飛白簡便痛快則出于章草然而眞草與行各有體製歐　率更顏平原輩以眞爲草李邕李西臺輩以行爲眞亦以古人有專工正書者有專工草書者有專工行書者信乎其不能兼美也或云草書

千字不抵行書十字行書十字不抵眞書一字意以爲草至易而眞至難豈眞知書者哉大抵下筆之際盡做古人則少神氣專務遒勁則俗病不除所貴熟習兼通心手相應斯爲妙矣白雲先生歐率更書訣亦能言其梗槩孫過庭論之又詳皆可參稽之

眞書

眞書以平正爲善此世俗之論唐人之失也古今眞書之妙無出鍾元常其次則王逸少今觀二家之書皆瀟灑縱橫何拘平正良由唐人以書判取士而士

大夫字畫類有科舉習氣顔魯公作千祿字書是其證也矧歐虞顔柳前後相望故唐人下筆應規入矩無復晋魏飄逸之氣且字之長短小大斜正疎密天然不齊孰能一之謂如東字之長西字之短口字之小體字之大朋字之斜黨字之正千字之疎萬字之密畫多者宜瘦畫少者宜肥魏晋書法之高良由各盡字之眞態不以私意參之耳或者專喜方正極意歐顔或者專務勻圓專師虞永或謂體須精匾則自然平正此又有徐會稽之病或云欲其瀟散則自不塵俗

此又有王子敬之風豈足以盡法書之美哉眞書用
筆自有八法吾嘗採古人字列之以爲圖今畧言其
指點者字之眉目全藉顧盼精神有向有背隨字異
形橫直畫者字之骨體欲其堅正勻淨有起有止所
貴長短合宜結束堅實丿（音瞥）乀（音拂）者字之手足伸縮
異度變化多端要如魚翼鳥翅有翩翩自得之狀挑
剔者字之步履欲其沉實晉人挑剔或帶斜拂或橫
引向外至顏柳始正鋒爲之正鋒則無飄逸之氣轉
折者方圓之法眞多用摺草多用轉折欲少駐駐則

有力轉欲不滯滯則不遒然而眞以轉而後遒草以摺而後勁不可不知也懸鍼者筆欲極正自上而下端若引繩若垂而復縮謂之垂露翟伯壽問于米老曰書法當何如米老曰無垂不縮無往不收此必至精至熟然後能之古人遺墨得其一點一畫皆昭然絕異者以其用筆精妙故也大令以來用筆多失一字之間長短相補斜正相拄肥瘦相混求妍媚于成體之後至于今世尤甚

用筆

用筆不欲太肥肥則形濁又不欲太瘦瘦則形枯不欲多露鋒芒則意不持重不欲深藏圭角則體不精神不欲上小下大不欲左低右高不欲前多後少歐率更結體雖太拘而用筆特備衆美雖少枯而翰墨灑落追縱鍾王來者不能及已顔柳結體既異古人用筆復溺一偏余評二家爲書法之一變數百年間人爭效之字畫剛勁高明固不爲無助而魏晉風味掃地矣然柳氏大字偏傍清勁可喜更爲奇妙近世亦有倣之者則俗濁不足觀故知與其太肥不若瘦

硬也

草書

草書之體如人坐臥行立揖遜忿爭乘舟躍馬歌舞擗踊一切變態非苟然者又一字之體率有多變有起有應如此起者當如此應各有義理王右軍書羲之字當字得字深字慰字最多多至數十字無有同者而未嘗不同也可謂所欲不踰矩矣大凡學草書先當取法張芝皇象索靖等章草則結體平正下筆有源然後倣王右軍申之以變化鼓之以奇崛若泛

學諸家則字有工拙筆多失誤當連者反斷當斷者反續不知起止不悟轉換隨意用筆任筆賦形失悞顛錯反爲新奇自太令以來已如此矣況今世哉然而襟韵不高記憶雖多莫湔塵俗若使風神蕭散下筆便當過人自唐以前多是獨草不過兩字連屬累數十字而不斷號曰連綿遊絲此雖出於古人不足爲奇更成大病古人作草如今人作眞何嘗苟且其相連處特是引帶嘗攷其字是點畫處皆重非點畫處偶相引帶其筆皆輕雖變化多端未嘗亂其法度

張顛懷素最號野逸而不失此法近代山谷老人自謂得長沙三昧草書之法至是又一變矣流至于今不可復觀唐太宗云行行若縈春蚓字字若綰秋蛇惡無骨也大抵用筆有緩有急有有鋒有無鋒有承接上文有牽引下字乍徐還疾忽往復收緩以倣古急以出奇有鋒以耀其精神無鋒以含其氣味橫斜曲直鉤環盤紆皆以勢爲主然不欲相帶則近于俗橫畫不欲太長長則轉換遲直畫不欲太長多則神癡以捺代乀以發代辵辵亦以捺代之惟丿則關用

之意盡則用懸鍼意未盡須再生筆意不若用垂露耳

用筆

用筆如折釵股如屋漏痕如錐畫沙如壁坼此皆後人之論折釵股者欲其屈折圓而有力屋漏痕者欲其無起止之迹錐畫沙者欲其匀而藏鋒壁坼者欲其無破置之巧然皆不必若是筆正則鋒藏筆偃則鋒出一起一倒一晦一明而神奇出焉常欲筆鋒在畫中則左右皆無病矣故一點一畫皆有三轉一波

一拂皆有三折一丿又有數笑一點者欲與畫相應
兩點者欲自相應三點者必一點起一點帶一點應
四點者一起兩帶一應筆陣云若平直相似狀如筭
子便不是書又如口音圍當行草尤當泯其稜角以寬
閑圓美爲佳心正則筆正意在筆前字居心後皆名
言也故不得中行與其工也寧拙與其弱也寧勁與
其鈍也寧速然極須淘洗俗姿則妙處自見矣大要
執之欲緊運之欲活不可以指運筆當以腕運筆執
之在手手不主運運之在腕腕不知執又作字者亦

須畧考篆文須知點畫來歷先後如左右之不同剌剌之相異王之與玉示之與衣以至秦奉泰春形同體異理殊得其源本斯不浮矣孫氏有執使轉用之法執謂深淺長短使謂縱橫牽掣轉謂鉤環盤紆用謂點畫向背豈偶然哉

用墨

作楷墨欲乾然不可太燥行草則燥潤相雜潤以取妍燥以取險墨濃則筆滯燥則筆枯亦不可不知也

筆欲鋒長勁而圓長則含墨可以運動勁則有力圓

則妍美子嘗評世有三物用不同而理相似良弓則
之則來舍之則急往世俗謂之揭箭好方按之則曲
舍之則勁直如初世俗謂之回性筆鋒亦欲如此若
一引之後已曲不復挺又安能如人意耶故長而不
勁不如弗長勁而不圓不如弗勁蓋紙筆墨皆書法
之助也

行書

嘗考魏晉行書自有一體與草不同大率眞以便於
揮運而已草出於章行出於眞雖曰行書各有定體

縱復晉代諸賢亦苦不相遠蘭亭記及右軍諸帖第一謝安石大令諸帖次之顏陽蘇米亦後世可觀者大要以筆老爲貴少有失悞亦可輝映所貴乎濃纖間出血脈相連筋骨老健風神洒落姿態備具眞有眞之態度行有行之態度草有草之態度必須博習可以兼通

臨摹

摹書最易唐太宗云臥王濛于紙中坐徐偃于筆下可以嗤蕭子雲唯初學者不得不摹亦以節度其手

易于成就皆須是古人名筆置之几案懸之座右朝夕締觀思其運筆之理然後可以摹臨其次雙鉤臘本須精意摹搨迺不失位置之美耳臨書易失古人位置而多得古人筆意摹書易得古人位置而多失古人筆意臨書易進摹書易忘經意與不經意也夫臨摹之際毫髮失眞則精神頓異所貴詳謹也所有蘭亭何翅數百本而定武爲最佳然定武本有數樣今取諸本參之其位置長短大小無不同而肥瘠剛柔工拙要妙之處如人之面無有同者以此知定武

超雖石刻又未必得眞蹟之風神矣字書全以風神不邁爲主刻之金石其可苟哉雙鉤之法須得墨暈雖出字外或郭塡其內或朱其背正得肥瘦之本體亦然尤貴于瘦使工人刻之又從而刮治之則瘦者于變爲肥矣或云雙鉤時須倒置之則亦無容私意抵其間誠使下本明上紙薄倒鉤何害若下本晦上字厚却須能書者爲之發其筆意可也夫鋒芒圭角焉之精神人抵雙鉤多失此又須朱其背時稍致意

書丹

筆得墨則瘦得朱則肥故書丹尤以瘦爲奇而圓熟美潤常有餘燥勁蒼古常不足朱使然也欲刻者不失眞未有若書丹者然書時盤薄不無少勞韋仲將升高書凌雲臺榜下則鬚髮已白藝成而下斯之謂歟若鍾繇李邕又自刻之可謂癖矣

情性

藝之至未始不與精神通其說見于昌黎送高閑序孫過庭云一時而書有乖有合合則流媚乖則彫疎神怡務閒一合也感惠徇知二合也時和氣潤三合

也紙墨相發四合也偶然欲書五合也心遽體畱一
乖也意違勢屈二乖也風燥日炎三乖也紙墨不稱
四乖也情怠手闌五乖也乖合之際優劣互差又云
消息多方性情不一乍剛柔以合體忽勞逸而分驅
或恬淡雍容內涵筋骨或折挫槎枿外曜鋒芒察之
者尚精擬之者貴似至于未悟淹畱偏追勁疾不能
迅速翻效遲重夫勁速者超逸之機遲畱者賞會之
致將反速行臻會美之方專溺于遲終爽絕倫之妙
能速不速所謂淹畱因遲就遲詎名賞會非其心閑

手斂難以兼通者焉假令衆妙攸歸務存骨氣骨既存矣遒潤加之亦猶枝幹蕭踈凌霜雪而彌勁花葉鮮茂與雲日而相輝如其骨力偏多遒麗葢少則枯槎架險巨石當路雖妍媚云闕而體質存焉若遒麗居優骨氣將劣譬夫芳林落蘂空照灼而無依蘭沼漂萍徒青翠而奚托是知偏工易就盡善難求雖學宗一家而變成多體莫不隨其性欲便以為姿質直者則徑挺不遒剛狠者又掘强無潤矜斂者弊于拘束脫易者失於規矩溫柔者傷於軟緩躁勇者過于

剸泊狐疑者溺於滯澁遲重者終於拙鈍輕瑣者染於俗吏斯皆獨行之士偏玩所乖必能旁通點畫之情愽究始約之理鎔鑄蟲篆陶鈞草隸至若數畫並施其形各異衆點齊列爲體互乖一點成一字之規一字乃終篇之凖違而不犯和而不同畱不常遲速不常疾帶燥方潤將濃遂枯泯規矩于方圓遁繩鈎之曲直乍顯乍晦若行若藏窮變態于毫端合情調于紙上無間心手忘懷楷則背羲獻而無失違鍾張而尚工其言盡善故具載

血脈

字有藏鋒出鋒之異，粲然盈楮，欲其首尾相應，上下相接爲佳。後學之士，隨所記憶，圖寫其形，未能涵容，皆支離而不相貫穿。黃庭小楷與樂毅論不同，東方畫讚又與蘭亭殊旨，一時下筆，各有其勢，固應爾也。予嘗歷觀古之名書，無不點畫振動，如見其揮運之時。山谷云：字中有筆，如禪句中有眼。豈欺我哉！

燥潤

用筆條

勁媚

見情性條

方圓

方圓者眞草之體用眞貴方草貴圓方者參之以圓圓者參之以方斯爲妙矣然而方圓曲直不可顯露直須涵泳一出于自然如草書尤忌横直分明横直多則字有積薪束葦之狀而無蕭散之氣時時一出斯爲妙矣

向背

向背者如人之顧盼指畫相揖相背發于左者應于右起于上者伏于下大要點畫之間施設各有情理

求之古人惟王右軍爲妙

位置

假如立人挑土田王衣示一切偏旁皆須餘狹長則右有餘地矣在右者亦然不可太密太巧太密太巧是唐人之病也假如口在左者皆須上齊鳴呼喉嚨等是也在右者皆欲與下齊和扣等是也又如宀須令覆其下走辵皆須能承其上審量其輕重使相負荷計其大小使相副稱爲善

疎密

書以踈爲風神密爲老氣如佳之四橫川之三直魚之四點畫之九畫必須下筆勁靜踈密停勻爲佳當踈不踈反成寒乞當密不密必至凋踈

風神

風神者一須人品高二須師法古三須紙筆佳四須險幻五須高明六須潤澤七須向背得宜八須時出新意則自然長者如秀整之士短者如精悍之徒瘦者如山澤之癯肥者如貴遊之子勁者如武夫媚者如美女欹斜如醉仙端楷如賢士

遲速

遲以取姸速以取勁先必能速然後爲遲若素不能速而專事遲則無神氣若專事速又多失勢

筆勢

下筆之初有搭鋒者有折鋒者其一字之體定于初下筆凡作字第一字多是折鋒第二三字承上筆勢多是搭鋒若一字之間右邊多是折鋒應其左故也又有平起者如隸畫藏鋒者如篆畫大要折搭多精神平藏善含蓄兼之則妙矣

遲速

遲以取妍，速以取勁，先必能速，然後為遲。若素不能速而專事遲，則無神氣；若專事速，又多失勢。

筆勢

下筆之初，有搭鋒者，有折鋒者，其一字之體定于初下筆。凡作字，第一字多是折鋒，第二三字承上筆勢

俗書證誤

宋　顏愍楚

美　從大　從火非

博協　從十　從小非

倏　從攸從犬　從大非

陝　陝西從入　從人非

變　從糸　從分非

諫　從柬　從東非

解　從刀牛　從羊非

斛趄　從斗　從斗非

覔　從爪　從不非

輩　從非　從北非

斂　聚斂從文　從欠非

觀　從茁　從雚非

豐　從二丰　從曲非

聖　從壬　從王非

俗書[illegible]

萬 數也 万非

纂 從目 從日非

佞 從妄 從亥非

函 從永 從丞非

壺 從亞 從亞非

翰 從人從羽 從僉非

鬱 俗作欝非

贏 從口 從皿非

覃 從早 從卑非

[illegible] 從同從西 從目從直非

吳 從夬 從天非

讒 從㲋 從二兔非

覽 從缶 從个非

劍 從刀 從刃非

奈 奈何從大 從木非

遙 從夕 從爫非

覷 音娶 窺覷 從虛非

尋 從冂 從凡非

◎

幾 從人 從勹非　胤 從丿從乚 從亻從乙非

裏 從二 從重非　內 冂內從入 從人非

廚 庖廚從亠從土 從一從豆非　刺 音次從朿 從束非

毋 音無從丿 從冫非　疋 凡疏從疋 從豆非

夏 夏綵音忽 從百從夂非　凊 溫凊從冫 從冫非

廄 音救馬 舍廄非　執 從九 從丸非

[illegible] 從谷 從步非　幼 從力 從刀非

兩 從丙 從內非　僭 潛贊從兟 從㚘非

帶 從卌 從世非　勢 從土 從幸非

㚇 從夾 非

樓數 從婁從 娄婁非

舊 從臼 從旧非

韭 從非 從韮非

忒 從弋 從一非

鷹 從隹 從鳥非

盡 從心 從皿非

嚏 噴嚏從士從疐 從疌非

蝢 從虫 從扌非

畚 從田 從臼非

郵 從垂 從番非

慶 從心 從必非

甯 姓也邑也從心用從必非

橕 從木從牙 從扌從手非

蘖 從𠂤從自 從泉非

鑿 從凿 從鑿非

獻 從鬲從犬 献非

迥 從冋 從向非

頹 從禾 從示非
宦 從宀 從穴非
助 從且 從耳非
奇 異也零也從大 從立非
雎 從且 從目非
步 從少反止也 從少非
朿 音次木芒 也與束異
衡 從角從大 從魚非
虎 從虍凡此類從之 從厓非

纜 從缶 從人非
繼 斷從𢇍 從𢇍從㡭非
冏 從冏 從合非
減 從冫 從氵非
陷 從臽 從臼非
酉 從丣 從卯非
繇 從䍃從系 從䌛非
某 從甘從木 從苴從小非
兔 從免從丶 從免非

稟 從禾從示非

恐 從孔從凡非

勇 從用從田非

祕 從示從禾非

足 從口不合從疋凡疏楚胥等字從之

采 從爪從木從米非

朋 邪書從月從月從月非

氾 音凡從巳從巳非凡範笵等從之

舌 從千從干非

習 從羽凡此類從之俗作習

熏 從田從田非

佘 音逸從入從[illegible]佘非

獎 從犬從大從廾非

沒 從几從几非

祭 從月從夕非

青 從丹從月非

懷 從土從衣從十非

訛習諸字 附

戊 原音茂今務

誑 原誑音今誑騙詐匡音

鄭 縣名原霍虢切今火

解 原音嫁今介

鬬 原從門從𩰊今作鬬

听 原疑謹切笑也今訛作聽

做 原直信切今做又租去聲

唬 原與嚇同音鎼今唬嚇誤虎音

疋 原音梳音雅今匹

大 原音惰今音泰又丁蓋切

戶 原音扈今護

部 原音部今簿

吱 原音爻今口鼓之鼓

那 原平聲今那邊去聲

夏 原音遏今好夏

幫 今幫[illegible]貼[illegible]

這 今這廝 這等

歪 今歪斜 外平聲

賠 今賠 賍

唆 今唆使 音梭

哄 今欺 哄

拐 今拐 帶

趲 今儧 趲

怎 今怎生音 臻上聲

撦 今扯

着 原著 今着實

勾 原句今勾引音 鈎勾足勾當音遘

揹 今勒 揹

鬮 原鬮 今拈鬮

丢 今丢 棄

瞎 今眼盲 音轄

躲 今躲 避

拿 原拏 今拿捉

輭 今軟

兔今兎　檐今簷

宂今冗　樸今樸

逥今迴　鹽今盐

尋今尋　衙今衙

鹹今醎　神今神

軓今軌　攜今携

內今内　藷今藷

烱今烱　吕今吕

睿今睿

字書誤讀

宋 王雱

誤讀者斯字本無他音可疑而不識者信口謬傳習矣不察今據所聞特錄出以免伏獵杕杜金根之譏當與奇字參看每賓客在座聞讀字之誤者在相知則爲正之不相知唯唯而已磨揑堅吾師也

貤封 貤音移又音異誤馳

妃嬪 嬪音頻誤賓

運甓 甓音闢磚也誤甕

災沴 沴音戾誤疹

馬謖 謖音速誤稷

謏聞 謏音小誤叟

螭頭　螭音癡誤離　孤鶩　鶩音木鳧也誤婺

魑魅　魑音癡誤離　儤直　儤音豹儤直吏官誤瀑

⿰忄幷懞　⿰忄幷音伻惺也誤駢　瞠乎　瞠敕箏切直視貌誤儻

崢嶸　音錚弘誤爭榮　屏營　音平盈誤丙榮

冰蘗　蘗檗同誤蘖　疆場　場音易誤場

斡旋　斡烏活切誤幹　靚糚　靚音靜糚飾也誤倩

如綫　綫線同誤殘　服闋　闋音缺誤癸

蔓延　蔓音萬誤慢　潸然　潸音山涕也誤潜

矜寡　矜鰥同誤兢　武壆　壆音斝則天名誤空

颶風 颶音具海中大風誤貝　　金莖 莖音衡誤經

不勝 勝音升誤聖　　璚瑤 璚瓊同誤橘

潢汗 潢音黃誤橫　　萑苻 音紈蒲誤隹符

百揆 揆音跪誤睽　　暴白 暴音僕誤抱

暴露 同前　　噢咻 音嫗許誤懊休

麈尾 麈音主誤塵　　貪婪 婪音嵐誤林

卞壺 壺音閫誤壺　　史籀 籀音宙誤溜

倓鯖 鯖音征誤倩　　老嫗 嫗音燠誤媼

精犓 犓音粗誤搊　　甪里 甪音鹿誤角

蘸水 蘸莊昭切以物淬水誤醮

囅然 囅音產大笑貌誤輾

牀笫 笫音滓誤第

雨雹 雹音薄誤砲

鰒魚 鰒音暴誤復

黈纊 黈偷上聲黃綿爲圜挂於冕垂兩耳誤黃

土著 著直畧切誤注

竣事 竣音悛又音逡誤峻

悃愊 愊音璧誤幅

枹鼓 枹音孚誤庖

听然 听音嚚笑貌誤聽

剛愎 愎音弼誤復

刁斗 刁音凋誤刀

踣仆 踣音匐誤陪

貪冒 冒音墨誤帽

雞肋 肋音勒誤筋

瓦礫 礫音歷誤爍

蜥蜴 音昔亦誤淅陽

◎

覆瓿 瓿薄口切 誤剖

有郤 郤音隙 誤却

鄜州 鄜音孚 誤麃

閿鄉 閿音聞 誤受

俶儻 俶音惕 誤叔

撾鼓 撾職瓜切 誤戈

王嬍 嬍美同 誤徵

秋獮 獮音銑 誤彌

罅漏 罅虛訝切 誤滹

駔儈 駔臧上聲誤徂儈古外切合市人牙儈也

岐嶷 嶷音逆 誤疑

潟鹵 潟音錫 誤瀉

澠池 澠音勉 誤盈

緡錢 緡音民 誤昏

栁玭 玭音駢 誤比

巾櫛 櫛側瑟切 誤節

膃肭 膃烏骨切肭音內誤温

譌傳 譌訛同 誤僞

滑稽 滑音骨 誤猾

楚些 些音梭去聲 誤些小之些

雋永 雋音吮肥肉 誤俊

祆廟 祆音軒 誤妖

骫骳 音委敝屈曲也 誤滑

不啻 啻音翅 誤禘

内帑 帑音儻 誤奴

澶淵 澶音禪 誤檀

瀧岡 瀧音双 誤隴

瘐死 瘐音庾 誤瘦

提撕 撕音西 誤斯

媿恧 恧音忸 誤而

李陽冰 冰音凝 誤氷

純嘏 嘏音假 誤古

酗酒 酗音煦 誤洶

宓子賤 宓音伏又音密 誤必

臨邛 邛音窮 誤卬

擊筑 筑音竹似箏十三絃 誤亢

泥水 泥音似誤泛

泛駕 泛音捧誤泥

朝鮮 音招仙誤潮鐃

果蓏 蓏音裸誤預

押闔 押音攞誤押

土苴 土郎雅切苴音鮓誤土地之土苞苴之苴

睚眦 音㴔豸眦又音恣很覗也誤涯此

鐃歌 鐃音撓如鈴無舌誤磽

棧道 棧音綻誤賤

縱臾 音總勇誤本音

石埭 埭音代誤棣

草菅 菅音蕑茅也又姓誤管

饕餮 餮音帖誤殄

芟夷 芟音衫誤殳

一抔 抔音掊誤杯

覶縷 覶音羅誤爾

紛呶 呶音撓讙聲誤奴

龍準 準音拙又讀如字

欃槍 欃初銜切 槍音崢

讋服 讋懾同 誤龍

斗杓 杓音標 誤勺

翛然 翛音消 誤倏

渢渢 音泛中庸之聲又音逢水聲誤諷

朘削 朘音宣 誤俊

徙倚 移徙而凭倚誤徒

蒹葭 葭音加葦屬 誤霞

頎頎 懇同又音祈誤斤

拏舟 拏音拿 誤奴

野蔌 蔌音速 誤嗽

鍼砭 砭音邊又去聲誤貶

根蔕 蔕音帝 誤帶

玫瑰 音枚規 誤文魁

掉臂 掉音調又不撣 誤棹

狻猊 狻音酸 誤俊

覬覦 音寄喻 誤剴俞

教猱 猱奴刀切誤柔

奇衺 衺邪同誤矛

况味 况貺同誤贖

日晷 晷音軌日景也誤咎

糧餉 餉式亮切誤向

捐軀 捐音圓誤娟

釜鬵 鬵音尋誤鬲

愧 音貴誤上聲

道 上聲誤去聲

箸笠 箸音著誤虐

湽澠 澠音繩易乎辨湽澠又有洒如澠誤灑

姦宄 宄音軌誤九

有奇 奇音肌零也誤其

頻 鈍同賁誼賦鎮鄉爲頻誤顰

隄防 防音亡誤旁

弮 音圈弮弓誤拳

匪頒 頒音分誤本音

馹 音日誤驛

單至 單音戰誤本音

經籯[illegible]

侄音質堅也癡也誤姪　招音喬招入州擧也斬君過揭也誤本音

嫶類嫶音誚誤焦　八廚廚音皮誤廚

鳶音圓誤淵　朱紘紘音宏誤紘

奸長奸音干誤本音　輔上聲誤去聲

參夷參音三夷三族也誤參差之參　殊死殊如字斬刑誤誅

蓄音觸誤旭　純衣純音準誤本音

創夷創音瘡誤本音　虫音毀蟲名誤蟲

嗾音叟使犬聲誤族　罥塗罥音畎誤[illegible]

儵然儵音倏急疾也誤消　階阤阤音[illegible]崩也誤[illegible]

狗監 楊得意爲狗監
薦相如誤狗盜

昕 音欣旦日
將昕誤斤

總監 薦林如蘇紹謚　　湖林立瑑斤
恩補 傳仿位譯　　　川音原日

切韻射標

上元李世澤

平聲	二口口翦 合撮開齊 洪	口口口翻口 合撮開齊開	口口口口 合撮開 混	二口二翻 合齊合齊	匸口翦 合開齊
見	公供庚京 肱絅	裩君根巾金	光恇岡姜	規居孤基	乖該皆
溪	空穹鏗卿 傾輕	坤皸　緊欽	骴匡康羌	窺區枯欺	開揩
群	顒窮　擎瓊	羣　勤琴	狂	㒞蘧渠　奇	
疑	嶢顒娙 迎凝	僤轁垠銀吟	昂卬	危魚吾宜倪	皚厓
端知	東冬登丁	敦	當	堆　都低	
透徹	通炵鼟汀	暾　吞　譚	湯	推　梯	胎
定澄	同彤騰庭	豚	唐	頹　徒題	臺
泥孃	農醲能寧	黁	囊	捼　奴泥	能

字母	一	二	三	四	五
知端	中䏺貞	屯珍砧		張 追誅知	梩
徹透	忡橕檉	椿瞋琛		椿 昌 攄癡	搋
澄定	蟲橙呈	軘陳沉		惷 長 鎚除持	[illegible] 娨
孃泥	濃儜	紉絍		幢 娘 膿 荍尼	捱
邦非	崩兵	奔賓	幫	丮杯逋畀	擺
滂敷	逢烹砰	歕繽		滂胮坯鋪披	婄 [illegible]
並奉	蓬朋平	盆貧	旁	龐裴蒲皮	[illegible] 排
明微	蒙瞢萌明	門民		浝厖枚模迷	埋
非邦	風	分		方非夫	
敷滂	豐	芬		芳霏敷	
奉並	馮	焚		房肥扶	
微明		文		亡微無	

精 照 駿蹤增精嵕尊遵 津祲 臧將雀諏租 齎茲 哉
清 穿 悤蹤蹭清 村皴 親侵 倉瑲催趨粗 妻雌 猜
從 床 叢從層情 存鷷 秦鬵 藏牆漼 徂 齊慈 才
心 審 鬆松僧觪星騂 孫荀 新心 桑襄雖須蘇 西思 腮
邪 禪 錫 徇 尋 詳隨徐 詞

照 精 終爭征 諄 真蓁鍼簪 章莊 錐 朱菹 鼓 齋
穿 清 充鐺稱 春 瞋親覘參 昌 吹 樞初 鴟差 萋 釵
床 從 崇傖繩磳 脣 榛岑 床 鉏 茌 腄 儕 犲
審 心 春生升銑 申深 商霜 衰 書疏 詩思 衰 篩
禪 邪 鱅 成 純 辰諶 莘森 常 垂 殊 時 栘

曉 烘凶亨興 轟兄 昏葷 欣歆 荒 炕香 灰虛呼希 嫣咍豨
匣 紅雄恆形 橫榮 魂 痕礥 黃 航降 攜同 胡奚 懷孩諧
影 翁雍鸎英 泓縈 溫煴恩因音 汪 央 威於烏衣 歪哀挨
喻 容 盈 弘榮 云 寅淫 王 羊 韋余侉移

來 籠龍 棱陵 陵 論倫 鄰林 郎瀧良 雷閭盧離 膠來唻

日 戎 仍 肷䏰 人壬 穰䋻 如 而 茦

隸行䕌音 不音迎同 音但黑首 充非寧列 鏞形盈但 不成旋 音升開 庸獨口

蒼陛本 䪿印巫 音同上列但旋開口

譜䕘獨 垂音誰 於音由 平音胡 詞思濁 常南獨 佩沈一音

平聲二 口齒口齒口口口口口口口口齒口古口口口齒口齒 合𢍰攝齊合開合攝開齊開合齊開捲齊而齊齊開齊

見 瓜加 戈歌官涓干堅兼關間甘監 高交驕鉤鳩

溪 誇 科珂寬棬刋牽謙 㦻堪嵌尻敲趬 丮丘

羣 瘸茄 翗 權 乾黔 䟁 喬 求

疑 𪘏牙 譆莪岏元豣言嚴 顔䵷璁巖 敖聱堯 吽牛

端知　爹　多端　丹顚敁　耽　刀凋兜
透徹　拖湍　灘天添　貪　叨挑偷
定澄　拕駝團　壇田甜　覃　陶條頭
泥孃　挼那渜　難年拈　南　猱嬈羺
知端　撾吒　邅沾　譠　詀　嘲朝　輈
徹透　叉　猭　脡　颩超　抽
澄定　茶　傳　纏誗窀獮　㦓　祧潮　儔
孃泥　拏　鮎姩然　喃　鐃　羿
邦非　巴　波　般　邊砭班　褒包標　彪
滂敷　葩　坡　潘囨　篇　攀　藨抛飄
並奉　琶　婆　槃　楩枆　辮　湴　袍庖瓢　裒滮
明微　麻　哶　摩　瞞謾　眠　蠻　媌嫯　毛茅苗　嵍繆謀

非邦	敷滂	奉並	微明	精照	清穿	從床	心審	邪禪	照精	穿清	床從	審心	禪邪
									檛				
									樝	杈	査	沙	
				嗟	䃀	査	些	斜	遮	車	蛇	奢	闍
						銼	梭						
					蹉	醝	娑						
				鑽	攛	攢	酸						
				鐫	詮	全	宣	旋	專	川	船		遄
					餐	殘							
				牋	千	前	先	涎	旃			羶	禪
	颿	凡	[illegible]	尖	僉	潛	暹	撏	占	韂			蟾
									跧		狗	拴	
										獑	潺	山	
				簪	參	蠶	三						
										攙	讒	衫	
				遭	操	曹	搔						
									釗	抄	巢	梢	
				焦	鍫	樵	宵		昭	弨		燒	韶
				諏		剽	擻						
		[illegible]	浮	啾	秋	酋	修	囚	周鄒	犨篘	愁	收搜	州酬

曉　花鰕靴　訶歡暄䬉軒蔘儇彝蚍　蒿咻囂鵂休

匣　華遐　和何丸玄寒賢嫌還閑含銜　豪肴　侯

影　哇鴉爬　倭阿剜淵安煙淹彎黫菴諳　爊呀夭　謳幽

喻　耶　訝　員延炎　佔　猇遙　由

來　鸞　臚囉　騾羅鑾孿蘭連廉爐爛藍籃　勞寮嵺聊　樓流

日　挼婼　䚯　然髯　饒　柔

九藝獨　禪攞獨　音惡同上列但旋開口　同　閒堅安二合與山叶餘音　音與干列同但旋開口　音與間慳列同但發開口

宵秋鋼　因修獨　剛收獨

上聲一

口口口齒 口口口齒口 口口口齒 口口口齒 口口齒

合撮開齊混 合撮開齊閉 混 混 混 合撮合齊 合開齊

見 鞏梗警炯礦 褧 錦廣 講軌舉古几 枴改解

溪 孔 頃檾 闓梱 慊 傀去苦起 愷揩

羣 䂬 殑 窘 噤 仼 跪巨 技 拐

疑 湡 軭 仰 饑 頠語伍擬 皚

端知 董 等頂 黨 覩底

透徹 桶 珽 倘 腿 土體

定澄 動 蹖 挺訂 遯 蕩 隊 杜弟 怠

泥孃 繷 整 灢囊 餒 努檷 乃

知端 冢 逞 長 宁拄 鴟

徹透 寵 侱 蠢 瘀 昶 褚 恥

澄定 重 瞪 踔 朕 丈 柱 雉 摚 豸

孃泥 獰 拰 鑲 女 你 妳

邦非	滂敷	並奉	明微	非邦	敷滂	奉並	微明	精照	清穿	從牀	心審	邪禪
琫 餅丙	瀕	菶 蚌凭竝	蠓瞢猛 酩	覂	捧	奉		總 井	憁 請	蓯 靜	送悚 醒	
本 稟	品	笨 牝臏	捫閔 泯	粉		憤	吻	撙 怎	忖 寢	鱒瀳 盡蕈	損笋	楯
榜 綁	搒	驃棒	莽	昉	髣		罔	奬	搶	奘 蔣	顙 想	象
補比	普	棓倍 部陛	姆 姥米	匪甫	斐撫	膹 釜父	尾武	觜 跙 子濟	取 此泚	罪聚 麈 蕈薺	髓諝 死徙	𤢖緒 似兕
伓	俖	倍備	穤買					宰	采	在		

照精	穿清	牀從	審心	禪邪	曉	匣	影	喻	來	日
踵 整			熥 眚 甤		噴 洶	澒 杏 悻 迥小	擁 猜 影	勇 郢 永	籠 隴 冷 領	宂 駲
準 軫 枕	蠢 齔 瀋	盾 濜 顉	矧 沈	腎 甚	吽	混 很	穩 飲	允 引	廩	忍 荏
掌 奘	敞 惝		賞 爽	上	恍 悅 汻 享 傋	晃 沆 項	坱 枉 慃	往	朗 兩	攘
主 祖 止 滓	杵 楚 齒 剎	杼 齟 士 踶	黍 數 水 矢	埀 豎 氏	毀 許 虎 喜	戶 徯	委 塢 倚	偉 雨 以	壘 呂 魯 里	蕊 汝 爾
	撮 齚				海	駭 亥 蟹	矮	腆	攋	疓

三

◎

上聲	見	溪	羣	疑	端 知	透 徹	定 澄	泥 孃
二等 合齊 齊齊	寡假			厇雅				
口口 合開	果	顆可		我	朶	妥	惰舵	娜
口口口口 合攝開齊開	管捲赶蹇檢	欵犬侃遣	倦件儉	阮儼	短亶典點	坦忝	斷但殄簟	煖撚
口口 合齊攝開齊	簡感減	齦坎		眼鎖	膽	毯	淡	
口口 開齊開齊	槁矯苟久	考巧口糗	嶠垢臼	咬偶	擣鳥斗	討挑黈	道掉鋀	腦嬲𣪊

[illegible]

知端	徹透	澄定	孃泥	邦非	滂敷	並奉	明微	非邦	敷滂	奉並	微明
	[illegible]	蔖 跦	那	把		駡	馬 芊				
				跛	叵	爸					
轉 展 [illegible]	腞 𢷎 諂 㬥 閻	篆 邅 湛	瞑 碾 赧	匾 貶 版	盼	伴 辯 版	滿 免 変 [illegible] 婄	股	汎	飯 范	晚 錽
		兆		俵 表 飽	𠻞 縹	抱 鰾 鮑	杪 卯				
肘	丑	紂	紐	𢭃	剖	部 蔀	母	否	阜	負	

精照	清穿	從牀	心審	邪禪	照精	穿清	牀從	審心	禪邪	曉	匣	影	喻
姐	且		寫	灺	鮓 者	漤 扯	柞	耍 灑 捨	社		踝 下	啞	野
左		坐 齹	鎖							火	夥 禍 荷		
纂 纘 翦	淺	薦 瓚 踐 漸	選 繖 銑	筭 蕿 綫	轉	舛 闡		閃	膞 善 鱣	烜 罕 顯 險	鉉 旱 現 獫	宛 偃 掩 綰	莧 遠 演
					蠽 盞	虥 鏟	饌 棧				晥 限		
昝	慘	歛			斬		巉			喊 㖤	撼 嗛	黯 黶	
早 剿	草 悄	皁 瀌	嫂 小		沼 爪	麨 炒	[illegible]	少 稍	紹	好 曉	皓 效	襖 妖	
走 酒		棷 媨	叟 滫	鯫	帚	醜 搊	聚	首 叟	受	吼 朽	后	毆	有 友

來 纛跕螺祼卵孌嬾璉 覽臉老了簍柳

日 惹 輭 冉 遶 蹂

喉讀如化音
那納上聲
芊㵴上聲

荷讀如賀音

旋音二此但音但音
開悉列一旋興旋興
戶同字列閉柾閉簡
上音並戶假戶齰
列葉列列
但赶同同

鳥彫轉

去聲 口口口啓口口口啓口口口啓口
合擬闔旁合擬闔旁合擬闔旁
見 貢 更敬 棍 艮 禁 絳貫句故記 儈蓋介
溪 控 慶 困囷 謹 桄拉强 誑 抗瞧 媿去庫器 慨
羣 共 競 郡 近 嚌 進 弥 匱具 暨 髮 齬
疑 屰 得 近 鐙 鐙 鄧 僞遇謨義 外艾

端知	透徹	定澄	泥孃	知徹	徹澄	澄定	孃泥	邦非	滂敷	並奉	明微
涷 磴 訂	痛 聽	洞 鄧 定	齈 佞	中 挣	撐 稱	仲 鋥 鄭	[illegible]	柄	⿱穴兩	槰 倂 併 病	夢 孟 命
頓	褪	鈍	嫩	鎮		陣 鴆	賃	奔 儐	噴 木	坌	悶
當	盪	宕		帳	暢 蓄	仗 撞	釀 鬞	謗	⿰月攸 胖	傍	恾
對 妒 蔕 桜 蔕	退 兎 替 蛻 太	隊 度 地 兌 大	内 怒 泥 柰	著 智 膪 媞	儍 憷 顡 蠆	墜 住 稚 ⿰⻊奈	納 女 膩 取	背 布 秘 拜 貝	配 鋪 譬 派 沛	佩 步 備 憊 背旆	昧 暮 媢 邁 眛

切韻射標

字母	一	二	三	四	五
非邦		奮	放	廢 付 沸	
敷滂		忿		肺 仆 費	
奉並	俸	分		吠 附 費	
微明		問	妄	務 未	
精照	糉 縱 甑	俊 晉 浸	葬 醬	醉 祭	最 載
清穿	蹭 倩影	寸 倩	蹡	翠 娶 措 悴罪	襊 蔡
從牀	傯 從 贈 淨	鐏 鱗	臟 匠	聚	蕞 在
心審	送 宋 性	巽 濬 摌 信 沁	喪 相	粹 絮 素	[illegible] 賽
邪禪	頌	殉 藎 蕈		遂 苧	
照精	衆 諍 正	稕 震	障 壯	贅 注	
穿清	銃 稱	襯 譖	唱 創	吹 處	嘬
牀從	剩 剩	順	狀 漴	助	睉 瘥
審心	勝	舜 蹺 深 滲		稅 數	嗺 寨
禪邪	盛	慎 甚	尚	瑞 樹	曬

祭蕝 契 脆 劑 自 細 歲 詞 嗣 制 志 懥 啻 挈 示 旐 施 逝 嗜

曉　賔趨興　訓爋　晛向惷　誨呹呼戲　豨獩　懈

匣　汞䆟幸　恩恨　巷　惠互系　壞　害邂

影　甕雍映鎣　揾蘊印蔭　盎怏　畏鬱譺意　會黯穢　愛隘

喻　用孕詠　運亂　漾旺　位鋭裕異　衛

來　弄棱令　論淪吝淋　浪亮　類慮路利　酹賴

日　閏刃飪　讓　芮孺二

領松去聲

强損去聲

音愻同上　列　但　抗　開

銳悴　卹卹　位罪　帥　卹　稅　示音丕

切韻射標

去聲	見	溪	羣	疑	端 知	透 徹	定 澄	泥 孃	知 端	徹 透	澄 定	孃 泥
合口	詿	跨		宦					炬	詑	蜡	
齊齒	駕			訝								
合口	過	課		臥	剁	唾	惰	懦				一
開口	箇			餓			馱					
合口	貫			玩	鍛	彖	段					
撮口	眷	券	倦	願					轉	椽	傳	
開口	幹	看		岍	旦	炭	但	難				
齊齒	見		健	彥	殿		甸					
開口	劍	欠	鐱	驗	玷	掭	簟	念	占	覘		
合口	慣		趲								綻	
齊齒	諫			雁								
開口	紺	勘	靲			探	淡					
閉口	鑑	瞰							站		賺	
開口	告	犒	櫭	傲	到	套	導	淖				
齊齒	教	竅	嶠		弔	糶	掉	溺	罩		棹	鬧
開口	姤	寇			鬭	透	豆	耨				
齊齒	救		舊						晝			胄

◎

幫非	滂敷	並奉	明微	非邦	敷滂	奉並	微明	精照	清穿	從床	心審	邪禪
霸	帕		馬					借		籍	瀉	謝
播	破	[illegible]	磨					蓌佐	剉	坐		
半	判	畔	幔	販	番	飯	萬	鑽	竄爨		筭選	旋
變	片	卞	面		泛	梵	菱	贊箭僭	粲倩塹	瓚賤[illegible]	散先韱	羨
扮	盼	辦[illegible]	慢					蘸		暫	三	
報臕豹	票砲	暴臕鉋	耄妙貌					竈醮	糙俏	皂誚	燥笑	
		脴	茂謬	富	覆	[illegible]		奏僦	湊	[illegible]就	漱秀	袖

七韻身杏

照精 詐柘 戰 孨 醮 照 咒縐
穿清 剎 釧 韂 篡 懺 覞鈔 臭簉
床從 乍射 饌 棧 儳 儤 驟
審心 舍 縛 扇 訕 少梢 狩瘦
禪邪 圫 擅 膳 贍 卲 壽
曉 化 鏵 貨 煥 絢 漢 憲 耗 孝 嗅
匣 話 暇 和 賀 換 衒 汗 莧 患 莧 憾 陷 號 效 后
影 亞 涴 腕 苑 案 宴 厭 晏 暗 奥 要 幼
喻 夜 院 艷 耀 宥
來 亂 戀 爛 練 殮 濫 鑑 澇 料 陋 溜
日 肉

◎

入聲	見	溪	羣	疑
[illegible]	谷菊橘吉	酷曲屈隙乞	局繘及	兀玉崛逆岌
[illegible]	刮閣甲	溘恰		顤
[illegible]	國厥𦁵結	硘闃客怯	[illegible]蕨傑	月額業臬
[illegible]	郭钁各脚角	闊矍涸却確	戄噱[illegible]	枂咢崿岳

[illegible]音衍

音悉同上列但[illegible]

[illegible]

◎

端知	透徹	定澄	泥孃	知端	徹透	澄定	孃泥	邦非	滂敷	並奉	明微
篤	突	獨		竹怵陟	畜黜敕頗	逐朮直	忸䵜暱妠	卜逼必	撲愊匹	僕暴愎弼	木目睿密
的	剔	狄	溺								
答	榻獺	達	納	劄	睫	澤		八		拔	䒽抹
德喋掇	忒貼脫	特鳌奪	能涅	輟輟摘輒哲	皺拆[illegible]敕	宅轍	吶聑聶	北鼈擘	魄撇潑	白別跋	默蔑末
	託	鐸	諾	勺卓	逴逴	着濁	逽搦	博駁	粕朴	薄雹	莫邈

非/幫	敷/滂	奉/並	微/明	精/照	清/穿	從/牀	心/審	邪/禪	照/精	穿/清	牀/從	審/心	禪/邪
福 髴	腹 拂	伏 佛	一 勿	足 卒 即	猝 促 焌 七	族 蹴 崒 疾	速 夙 戌 悉	俗 席	祝 茁 職 側	觸 出 尺 測	鸀 贖 術 食 齜	束 率 式 色 娎	孰 石 殖
				帀	攃	雜	撒		札	鬻 揷	汎	側 殺	
發 法	怖 岥	伐 乏	襪 則	蕝 蠘 節 纖	[illegible] 賊 [illegible] 攝	絶 塞 截 蕞	雪 屑 劃	䔧	拙 責 浙	歠 策 掣	賾 舌	攄 說 索 設	涉
[illegible]	[illegible]	縛	[illegible]	作 爵	錯 鵲	昨 皭	索 削		灼 捉	綽 齪	斮 浞	爍 朔	杓

曉　忽旭獝翕　喝瞎劃血黑脅霍鎝矆𧮪謞譩

匣　斛紇　驈覡滑合洽或宄黑紇協霍鎝　鶴學

影　沃郁鬱乙宆遏軋擭嚄剠謁穫𢗼嫿惡約約渥

喻　欲聿亦役投　鴨𠾱悅厄曳腋𩓐䨼　藥

來　祿六律力　臘粒　劣勒列埒　落略犖

日　肉日　䨾　爇𤈦　若

入聲轉入聲併入聲與併入聲並
同列異　此列並收，多無字

諸內凡入聲俱從順轉就其易也如谷字只曰孤古故谷順轉也若公穎貢谷又是裓椳谷鉤苟姤谷皆枷紲也不從

右譜爲切韻而作寓名標射切韻法標者喻言如習射先立標的然後可指而射焉譜内最上一列見溪羣疑等三十六字皆標也經史切脚並以兩字切一字今以兩字内上一字定標下一字作箭假如德紅切德字先標紅字作箭射得東字法側先審德字在入聲譜内與革字同韻便在革字横列内尋見看頂上是端字即定爲標既得端字爲標即捨却德字不用可也次審紅字在平聲譜内與公字同韻便在公字横列内尋見即用爲箭不

須復看頂上何標也然後將紅字箭望本聲内端字標下平衡射去至標而止止處恰是東字即爲所切之音餘並倣此

上條乃正法也經史切音中者什得八九如或箭到遇空或雖有字而覺欠諦當於意不安者則用三活法以通之一曰隔標法二曰隔列法三曰濁聲法該括盡矣

隔標法者謂如箭射端標覺有乖張看端標下小字乃是知字便轉却箭更射知標即中如徒減切

湜字芳杯切壓字扶基切皮字皆此例也

隔列法者謂如箭射某標覺有乖張鄰標又無可借雖有亦欠諦當直須不出本標不拘上列下列隔一隔二以至五六諦審其音一者文義通貫二者心意安穩即從其音讀之如白伽切皤字渠寒切乾字許戈切鞾字皆此例也

濁聲法者上聲內有十標標下字盡似去聲蓋濁音也若作去聲妥箭即差今除平上入三聲箭必過失外但去聲箭覺有乖張即更向上聲內覓真

正箭自中如多動切董字思兆切小字奴罪切餒
字之類是也
總括曰訣先將上字定標竿下字如同弩箭安認
取本標平放箭箭來標下中無難 右正法
又箭到遇空或不中隔標隔列堪借用若遇去聲
有乖張尋向上聲却眞正 右活法
已上二訣如熟誦而習用之久之自當融貫 等
韻舊法至爲精妙但門法多端初學難入玆 妄不
揣粗述其意而爲此譜與願學等韻者稍藉爲階

惟願
高明賜之鍼砭正其訛謬使不悖於先
進誤後學是所望也
元李世澤謹識

俗呼小録

江陰李翊

船家稱子也又稱稍公今皆稱家長或船家長杜詩中稱長年三老蜀方言也今流俗語音余畧跡于後以俟問俗者

精謂之鯽令　團謂之突欒　孔謂之窟籠　圈謂之屈攣　蓬謂之勃籠　忍謂之熬　足謂之彀

覰謂之張　看謂之望　認謂之紹　單謂之燦

羞謂之鈍　扶謂之當去聲　按謂之欽去聲　轉謂之

跋　浮謂之吞（上聲）　移謂之捐　流謂之倘　缸謂之乩　竅謂之洞　筋謂之快　臥謂之黨　槩謂之斛又謂之盪　跑謂之波　立謂之跕　趨謂之跑　蓋謂之匭　捧謂之掇　遮謂之撻　添謂之拘　躲謂之撚又謂之閃又謂之伴　藏避謂之躲　藏物謂之閌（音抗　韻書無此字、）　熱飯謂之頓　熱酒謂之錫　瀉酒謂之篩　稠密謂之猛　積物謂之頓（音敦上聲）　干求請托謂之鑽　遞相授受謂之旨　娄相答語謂之召　布帛稀薄謂之澆　絶横斷港謂

之浜　城市小巷謂之弄　門之横闗謂之閂音振
善飲食者謂噇音撞平聲　美惡粗細兼者謂暖　見陵
于人爲欺負　非常事爲咤異　喜事爲利市利市出易
憂事爲鈍事　呼下酒具爲添按　物完全者爲
囫圇　作揖謂之唱喏　夾室謂之兩葉　階磴謂
之僵礫　所居謂之科座　鐮刀謂之吉鑁　托盤
謂之反供　整叠謂之周捉　此處謂之間邊彼處
謂之箇邊在此謂之來邊　無物可食謂之無窖
說作事之無據曰沒雕當入聲　說人不能曰無張王

主又作智　說人之不慧曰不鯽溜　說人之勉强曰闘閫　說人之自誇曰賣弄　事之相邂逅曰豆凑　兩一陣爲一破又以一番一起爲一潑　鄙嗇計較者爲摟搜鏤鎪　六畜統呼爲衆音終生　語物事曰牢曹　人假意曰陽去聲詐　⿰齒頁⿰齒賣上頡入聲下殘入聲物殘缺不齊貌　⿰齒禽⿰齒僉二字俱丘鎋切上齒牙缺也下器皿缺也　瞧瞟　垃圾⿰目巤閘　邋遢上音兼下音介今人呼事在成否兩難者爲邋遢按字書曰行不正也　氉毷今人謂性劣者爲氉毷、上音挑下音達氉毷本夷人服名　嘈囋俱入聲語言攙雜之貌　數錢以五文爲一花　覓利之言曰尋錢曰模錢曰賺錢曰近

錢 鋤地爲倒(去聲)地又曰拔地 首飾曰頭面鞋襪曰腳手器用曰家生一曰家伙又曰家私 鳥獸交感驢馬曰犁鷄鴨曰撩水餘鳥曰打雄猪曰付蚕蛾曰對狗曰練蛇虎曰交· 郡邑起更打鼓謂之發擂大事重擊鼓爲擂鼓唱曲輕擊鼓爲點鼓 凡取物與下曰擔(平聲)江陰曰弆丹陽等處曰捉寧波浙東曰駝靖江曰啲 以物之足用者曰見不足用者曰不見(音現) 湖州以桑葉二十斤爲一箇杭州柴四圓籠爲一轉 人之頹敗及身病攤靡者云郎當(唐明皇聞駝馬

鈴聲頗似人言語黃幡綽對曰似言三郎郎當

通稱一頓世說欲乞一頓食漢書一頓而成唐書打汝一頓晉書一時頓有兩玉人

戲市娼曰千人揑千人揑似蟹大如錢殼甚堅壯夫極力揑之不死俗言千人揑不死因以爲名或以戲市娼云

痘瘡謂之天花瘧疾謂之愕子至諱言曰天上頭北人名發擺子畏惡特甚鎮江曰發汗病揚州曰怍鴿子音則

湖人以上船登岸曰起篙或云起高

江西建昌等處謂烘爲燒曹方湖尹南豐時令門子烘腳爐答燒了曹驚曰如何燒了取來呈上復曰已燒了也

今人呼禿尾狗爲厥厥尾衣之短後者亦曰厥歐公記陶尚書詩話末厥兵

事之陳久爲瓚五代時有馬瓚爲府幕其人魯戇有所聞見他人已

厭熟而已甫爲新奇道之故云俱劉貢父詩話

抱持人物曰揲音傑出紀聞錄

俗牽連之辭如指其人至某人物及某物皆曰打丁晉公詩所謂赤洪厓打曰洪厓是也

江南人呼輕薄之詞爲覆窠出玉堂間話

淳熙江西饒州曰猫者里俗戲相標謔憨癡之類也

俗指儉不中禮者爲蛇鼠而詬駡農畊之稱曰牛

江陵士人稱挽畜庵繩繂之名曰五尺俱夷堅志

今人以相助爲摯輔籀云籀摯揵音徙揵摯籬即輔車相依之謂則摯輔之摯字宜从手爲是

臥床之帳子謂蚊幮南史宋武妃碧紗蚊幬音幬禪帳也蚊幮事見齊威公

午前午後小食謂上晝點心下晝點心

唐鄭傪爲江淮留後夫人曰爾且點心厮明太子别
傳曰京師穀貴改常饌爲小食郎點心之說也

墨杘見列子俗呼眉西　戾契見諱文俗呼捩及

古今諺

明 楊慎

山䃲風雨來海嘯風雨多

早霞紅丢丢晌午雨瀏瀏晚來紅丢丢早晨大日頭

樓梯天晒破磚

日出早雨淋腦日出晏晒殺鴈

魚兒秤水面水來淹高岸

水面生青靛天公又作變

蜻蜓高穀子焦蜻蜓低一壩泥

春寒四十五窮漢出來舞窮漢且莫誇且過桐子花

反賊劉千斤贓官姚萬兩

褒彈是買主喝采是閑人

服藥千裹不如一宵獨卧服藥千朝不如獨卧一宵

戊午巳未甲子齊便將七月定天機七日有雨兩月泥七日無雨兩月灰

甲寅乙卯晴四十五日放光明甲寅乙卯雨四十五日看泥水

三月三日晴桑上掛銀瓶三月三日雨桑葉生苦苦

壬辰裝担子癸巳上天堂甲午乙未雨茫茫

荒年無六親旱年無鶴神

執破無雨危成當災

濕耕澤鋤不如歸去

三月杏花勝可菑沙

迴車倒馬擲衣不下

蝦蟇鳴燕來聯通道路修溝隄

稼欲熟收欲速

螃蟹怕見漆豆花怕見日

三月昏參星夕杏花盛桑椹赤

布穀鳴小蒜成秋霜足蕓薹熟

五月鋒八月耩

槐兎目蠶雞卩桑蝦蟇眼榆負瘤

榆莢脫桑椹落

花三泡四

秋苗針水庄家早起

釋常談卷上

宋　亡名氏

世有輕裘公子長鋏少年策玉轡於春朝風流可愛酌金壺於月夜逸樂無偕洎乎陪佳客之談諧與儒士之言論理涉隱諭不究津涯幾至面牆寔可痛惜遂乃採古經之秘義掇前史之奥詞僅以成編隨目註解總得二百事名曰釋常談庶有飾於蕪詞固不愧於博學其或繼玉麈尾者無倦習諸云爾

投筆

從文入武謂之投筆漢班超字仲叔家貧傭書以自給乃擲筆於地曰大丈夫當效張騫傅介子立功於異域以取封侯萬里之外安能久事筆硯乎時大將軍耿康用超爲行軍司馬討西域有功封爲定遠侯

甲第

好宅謂之甲第甲者首也漢書平恩侯許伯入新宅蓋寛饒訪之入門仰視而歎曰富貴無常如此甲第所閲甚多忽即易主

醇醪

好酒謂之醇醪吳書程據常以氣凌周瑜瑜未嘗有愠色承奉愈謹程據自慙遂投分於瑜曰與公瑾入瑾

周瑜字也爲友如飲醇醪不覺自醉

小冠子夏

患目者謂之小冠子夏漢書杜欽杜鄴俱有大名於兩人皆字子夏欽眇一目被人呼之盲子夏欽惡以盲字爲號自作一小冠戴之時皆呼爲小冠子夏

喋喋

多語話謂之喋喋漢文帝幸上林苑虎圈問上林尉虎圈中事尉一詞不措有嗇夫代奏對言語無窮應答不滯帝乃命與嗇夫官張釋之諫曰不可嗇夫利口捷給陛下若與之官卽使天下之人唯事口舌喋喋而已帝遂納諫

泰山

丈人謂之泰山玄宗開元十三年封禪于泰山張說爲封禪使說女壻鄭鎰本是九品官舊例封禪後自三公以下皆轉遷一階一級惟鄭鎰是封禪使女壻

驟遷至五品兼賜緋服因大酺次玄宗見鎰官位騰跳怪而問之鎰無詞以對優人黄幡綽奏曰此乃泰山之力也因此以丈人爲泰山

渭陽

舅謂之渭陽左傳云魯康公之母即晉獻公之女也康公送晉獻公之子文公至渭陽曰見我舅氏如母存焉（凡山以南面爲陽水以北面爲陰）是康公送舅至渭水之北因曰渭陽也

宅相

外甥爲之宅相魏舒字陽元少孤爲外家甯氏所養甯氏起宅相者曰此宅合出貴甥魏舒聞之曰吾爲外家成此宅相也舒後位至晉卿果如宅相者之言因呼外甥爲宅相

玉潤

女壻謂之玉潤晉樂廣字彥輔衆皆呼爲冰清女壻衛玠字叔寶世號爲玉人故時爲之語曰婦翁冰清女壻玉潤

東林

女婿謂之東牀晉太尉郄鑒遣門生求女婿於王導家導命來使徧觀之王氏子弟咸自矜特唯一人於東牀坦腹而卧旁若無人郄太尉聞之曰東牀坦腹者佳婿也訪問乃是羲之遂以女妻焉

有尺布斗粟之事

兄弟不睦謂之有尺布斗粟之事漢文帝時淮南王長卿文帝弟也謀不軌文帝不忍戮謫於蜀在道不食而死時人謡言曰一尺布尚可縫一斗粟尚可舂兄弟二人不相容帝聞之追悔不及

參商

兄弟不和夫婦不睦皆謂之參商也左傳曰昔高辛氏有二子長曰閼伯次曰實沈居于曠林皆不相善日尋干戈以相征討后帝不臧遷閼伯于商丘主辰星商人以長星爲商星也遷實沈于大夏主晉星唐人以晉星爲參星故謂之參商商丘地大夏則今在末晉陽縣是也

張葢

戴席帽謂之張葢春秋後語曰商君問趙良曰吾相秦何如五羖大夫良曰五羖大夫相秦也勞不坐乘

暑不張蓋及其薨也童子不訶謡舂者不相杵君不如也

傾蓋

卸帽謂之傾蓋家語曰孔子之郯遇程子於途傾蓋而語終日甚悅顧謂子路曰取束帛以贈先生傾蓋駐車者也

愛忘其醜

人有相善不顧其過謂之愛忘其醜呂氏春秋曰陳有醜人名敦洽龍眉權顙廣眼垂肩脣薄鼻昂皮膚

皺黑陳侯悅之外使治國內使制身後楚兵所圍發言拙避楚遂大怒促兵代陳三月而滅人有言曰敦洽貌陋足以駭人語拙足以喪國陳侯可謂愛忘其醜

水竇

溝渠謂之水竇左傳曰蓽門圭竇之人而皆陵其土又曰禮義著人情之竇大可通流也

素領

項後白髮謂之素領漢馮唐白首爲郎官素髮垂領

銅臭

將錢買官謂之銅臭後漢崔烈有重名靈帝時入錢五百萬拜司徒烈名譽遂減乃問其子鈞曰外人議我以爲如何鈞對曰人盡嫌大夫銅臭烈怒舉杖擊之鈞服武弁而走烈曰撾不受而走豈爲孝乎鈞曰舜事瞽叟小杖則受大杖則走烈慙而止今以富者亦曰銅臭也

躍馬肉食

乘肥馬食珍味謂之躍馬肉食史記秦國蔡澤問善

相者唐舉曰聞君相李兌百日內持國柄有諸乎舉
曰有之請相予何如唐舉視之曰君曷鼻戾唇魋顏
蹙頞吾聞聖人不相待先生乎蔡澤知唐舉戲之乃
曰君更得四十三年矣蔡澤笑曰吾躍馬肉食更得
四十三年亦足矣後果代應侯爲秦相

元昆

長兄謂之元昆周易曰元者善之長也亨者嘉之會
也元則長也故論語曰人不間于其父母昆弟之言
注云昆即兄也非長兄不得呼元昆也

義方之訓

教子弟謂之義方之訓左傳曰石碏云臣聞愛子教之以義方也

絺綌

葛衫謂之絺綌論語曰當暑縝絺綌必表而出之注曰單着葛衫而出非禮也

挾纊

著綿衣謂之挾纊史記楚與齊戰楚旣衆時值切寒楚王撫慰將士甘言勉之三軍皆知挾纊不覺寒也

倒載

沉醉謂之倒載晉山簡字季倫爲荆州牧每出酣唱而歸人歌曰山翁住何處來往高陽池日夕倒載歸酩酊無所知

加籩

增添飯味謂之加籩左傳曰鄭伯享楚子加籩豆六品矣

狐假虎威

託威權者謂之狐假虎威春秋後語曰楚莊王問江

乙曰寡人自以昭奚卹爲相諸國不敢犯境豈非賢相之力乎江乙對曰王曾聞狐假虎威乎

周郎

士流會音樂謂之周郎吳志周瑜字公瑾妙於音律每有筵宴所奏音樂小有誤失瑜必舉目瞪視時人曰曲有誤周郎顧初孫權兄名策與周瑜同征夏侯獲喬公二女策與瑜各納一人策謂瑜曰喬氏雖至流離得吾二人採納可謂佳壻矣吳國因此呼瑜爲周郎也

蚌鷸相持

兩人相搘拄謂之蚌鷸相持史記趙欲代燕蘇秦爲燕說趙王曰臣今來時水中見一蚌出曝其腹有鷸鳥啄其肉而蚌合其嘴蚌曰今日不出明日不出必見死蚌鷸相持之際有漁父見併而擒之今燕趙相持爲弊甚衆臣恐强秦有漁父之功願大王孰計之趙王乃止

排闥

推門入謂之排闥漢書曰樊噲沛人也以屠沽爲業

後從高祖征伐有功高祖旣定天下嘗卧疾於禁中不欲見人詔闗者不令放群臣入噲乃排闥直入見高祖流涕曰陛下與臣等起於豐沛其何壯也今天下已定又何憊也帝乃笑而起

鼓盆

喪妻謂之鼓盆莊周妻亡惠子往弔莊周不哭乃鼓盆而歌人問其故莊周曰哭且無益自損而已

巨卿之信

與人相約應時而至謂之巨卿之信後漢范式字巨

卿與張元伯爲友春別京師暮秋爲期元伯至九月十五日殺雞炊黍以待之母曰相去千里何以審的元伯曰巨卿信士必不愆期言訖巨卿果至

鄧艾之疾

口吃謂之鄧艾之疾魏將鄧艾患吃晉文帝戲艾曰每稱艾艾不知有幾艾艾答曰假如孔子云鳳兮鳳兮亦只有一鳳耳

文過飾非

有過不改但說詞理謂之文過飾非論語曰小人之

過也必文

大宛一

馬謂之大宛漢書李廣爲貳師將軍領兵伐大宛國得汗血馬武帝遂作天馬歌因號馬爲大宛也

蒭粟

馬料謂之蒭粟後漢第五倫爲會稽太守躬自斬蒭

爛粟以飼馬

遊山詩文

大清

釋常談卷中

彈鋏

譏諷主人覓食物謂之彈鋏史記馮驩在孟常君門下爲客每給蔬飯驩乃倚柱彈鋏而歌曰長鋏兮歸去來食無魚孟常君知之乃依上客給以魚肉後果有市義三穴之功以報孟嘗君

傭書

受僱寫文字謂之傭書吳志闞澤字德潤會稽人好學居貧爲人傭書以自給抄寫纔畢已誦在口後位

至侍中

蒲鞭之耻

罪重而懲輕者謂之蒲鞭之耻漢書劉寬字文饒爲南陽太守吏有過以蒲鞭决責示其耻也

開東閣

接待賓客謂之開東閣漢公孫弘起客舍謂之東閣招迎賢士後爲丞相封平津侯

東道

接待賓客謂之東道史記秦欲破鄭鄭國君謂秦王

曰若能捨鄭願爲東道之主有賓客往來可以救援
其不達者也
楊朱之泣
泣於途路謂之楊朱之泣淮南子曰楊朱見岐路而
泣之曰何以南何以北高誘曰嗟其別易而會難也
七步之才
文章敏捷謂之七步之才陳思王名子建魏文帝親
弟也有大才文帝嫉之令作詩限七步内須成子建
詩曰煑豆燃豆萁豆在釜中泣本是同根生相煎何

太急

八斗之才

文章多謂之八斗之才謝靈運嘗曰天下才有一石曹子建獨占八斗我得一斗天下共分一斗

膠柱鼓瑟

不見機而守舊規者謂之膠柱鼓瑟史記趙有名將趙奢能用兵奢旣死趙王幣之使其子括將兵拒秦藺相如諫曰大王以其父之能而用其子者如膠柱鼓瑟耳

鬱壘

桃符謂之鬱壘于寶續搜神記及應劭風俗通云東海之中度朔山有盤桃屈曲三千里枝間東北山有二鬼一名鬱壘一名神荼萬鬼皆怕之今歲首立桃符于門畫此之形以辟鬼也

弊帷之嘆

馬死謂之弊帷之嘆禮記曰弊帷不棄爲埋馬也弊蓋不棄爲埋狗也

雪東門之耻

堅心報怨謂之雪東門之恥越王勾踐不納范蠡之諫興兵伐吳吳果大敗于吳之東門越王以餘兵五千退保會稽遂苦身勞思置膽于坐臥之所出入嘗之不忘其苦後果獲吳軍以雪東門之恥

折券

毀除文契謂之折券齊相孟嘗君受封邑于薛（薛地名）召門客往薛徵租時有下客馮驩請行驩至薛召欠租者悉至合其券既同（券今契也）詐稱孟嘗君令放欠租盡焚其券

分謗

救人行非事謂之分謗昔韓獻子將欲斬人郄獻子徃救之至則已斬訖郄獻子徇之曰吾爲韓君分謗也

棄繻之志

人有决意求官者謂之棄繻之志史記終軍字子雲西遊入關關吏曰若還當合符繻軍曰大丈夫西遊終不徒還遂棄繻而度關後爲謁者持節出關關吏見之曰此前棄繻生也

伐柯

媒人謂之伐柯詩曰析薪如之何匪斧不克娶妻如之何匪媒不得

王濟之僻

諳馬性謂之王濟之僻晉王濟乘馬度水馬不肯度濟曰必是惜錦連乾今之紫襜是也令解去之馬乃過水杜預謂晉帝曰王濟有馬僻和嶠有錢僻帝問曰卿有何僻臣有傳僻

潤屋

家富謂之潤屋曾子曰德潤于身富潤于屋

修容

重梳裹謂之修容漢馮黎字叔平爲人矜嚴好修容儀動作可觀

鬒髮皓齒

女人髮黑齒白謂之鬒髮皓齒漢武帝幸平陽公主宅見歌者鬒髮皓齒悅而問之主曰姓衛字子夫帝遂納之即令升車從帝入宮後冊爲皇后

鮮粧帕服

婦人施粉黛花鈿著好衣裳謂之鮮粧帕服李夫人別傳曰夫人久病武帝親往問之夫人面牆而卧都不廻顧默然不語帝垂泣而去延年巳下責夫人曰帝旣再三顧問合轉面一見帝囑託骨肉何乃略不廻顧夫人曰我若不起此疾帝必追思我鮮粧帕服之時是深囑託也

么麽

身小謂之么麽春秋後語曰齊相孟常君入秦秦王留之不放歸本國君乃逃去至函谷關關猶未開秦

法候雞鳴關方開孟常君有門客詐作雞鳴關乃開遂得出關徑往趙趙之人聞孟常君至觀者如堵及見乃曰向來聞孟常君之名將謂是魁梧之士此乃么麽丈夫耳

持兩端

事有未決臨時看勢謂之持兩端史記魏信陵君之姊嫁趙平原君爲夫人秦發兵圍平原君平原君遂遣使告信陵君令求魏王救之王曰欲救趙又恐秦國強大不救又與趙有骨肉之情

色莊

面嚴毅謂之色莊論語曰君子色莊者乎

屣步

不乘鞍馬謂之屣步屣鞋也蔡邕雅重王粲屣步迎之

匕筋

匙筋謂之匕筋蜀志先主劉備從曹操歸許昌操因從容次謂先主曰天下英雄唯使君與操耳本初之徒不足數也先主食次不覺匕筯墮地葢怕曹操此

語恐相害也

握髮吐餐

不倦賓客謂之握髮吐餐史記周公輔政七年其子伯禽驕慢公誡之曰吾是文王之子武王之弟成王之叔於天下可謂貴矣猶一沐三握髮一食三吐餐以接賓客恐遭人怨恐遺天下賢士汝慎勿驕慢於四方

掛冠

休官謂之掛冠西漢馮萌字子康見王莽篡逆乃曰

不去禍將及身遂解冠掛於城東門而去

步履蹣跚

患脚謂之步履蹣跚春秋時平原君趙勝有愛妾登樓見一跛躄者於樓下蹣跚而行妾見之大笑躄者詣其門謂平原君曰某不幸有足疾君家美人笑某請君斬其頭平原君許之而終不斬門下諸客聞之稍稍而去有一客謂君曰君許躄者斬美人而終不斬是君無信也平原君遂斬其妾以謝之諸客再至

櫝楚

杖謂之櫝楚禮記曰櫝楚二物權其威也

塞上翁失馬

禍福相隨謂之塞上翁失馬淮南子云塞上翁有好道者家有走馬入胡地隣人皆嘆其失馬翁曰未必爲禍居數日其馬引胡虜駿馬同歸鄰人又皆賀之翁曰未必爲福既得駿馬翁之子墮馬折臂鄰人又來借問翁曰未必爲禍居一年胡虜天下丁壯者皆控弦而戰翁之子以臂折得免

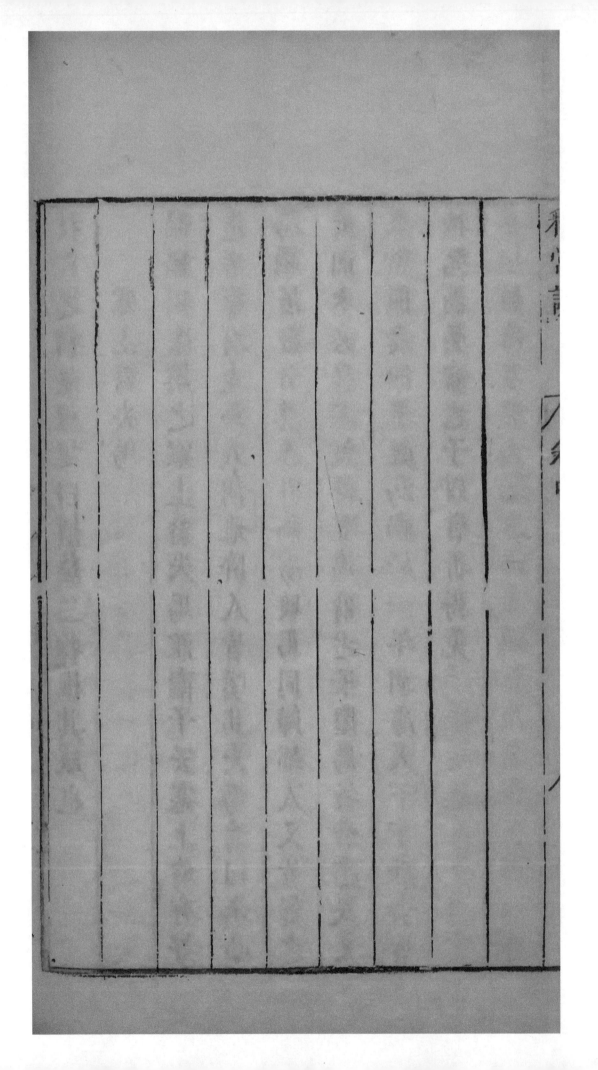

釋常談卷下

投轄

留客飲宴謂之投轄昔陳遵飲酒賓客滿座盡取客之車轄投于井中

罍恥

飲酒次酒盡謂之罍恥禮記曰缾之罄矣罍之恥矣

無投杼之疑

清慎之士被人讒毀謂之無投杼之疑曾人有與曾參同姓名者殺人而參母方織有人來告其母曰曾

參殺人母曰參必不殺人俄頃又有人來告其母曰曾參殺人母亦不信如此三度其母乃驚疑投杼出門而望復有人來其母問之答曰殺人者非母之子也

登徒子

男子好色謂之登徒子宋玉曰登徒子眞好色者也婦人有蓬頭垢面彎耳露齒皆淫之

不速之客

凡筵宴有不屈命而自來者謂之不速之客周易曰

包有魚不利于客有不速客三人來敬之終吉

憔悴

人有失意瘦惡謂之憔悴春秋云屈原事楚懷王爲三閭大夫爲佞臣靳尚所讒王乃流放之原遂遊于江潭行吟澤畔形容憔悴

陸雲之癖

愛笑謂之陸雲之癖晉陸機見司空張華華曰賢弟何不來機曰舍弟有笑疾不敢不先陳之張華鬚偏遂以錦囊盛之雲見果大笑華終不怪又嘗縗經上

船水中見巳之影大笑落水幾死

無鹽

女人醜陋謂之無鹽齊有醜女號無鹽臼頭深目長壯大節卬鼻結喉肥項少髮折腰出胸皮膚若漆

伐善

凡人自衒其能謂之伐善論語曰願無伐善無施勞

盤庚

五遷謂之盤庚尚書盤庚云殷帝五遷其國

杖頭

百錢謂之杖頭晉阮修字宣子甞以百錢掛杖頭至酒家獨飲酣暢而歸

上巳日

三月三日謂之上巳日漢書禮儀至三月三日士流祓禊飲酒於東流自魏但以三月三日不計上巳日

落帽之辰

重陽謂之落帽之辰晉孟嘉爲桓溫參軍溫甚重之重陽會飲于龍山嘉後至忽風起吹帽落而嘉不覺溫誡左右勿言以觀舉止也

喪明之慼

子死謂之喪明之慼禮記曰子夏死其子而喪其明曾子弔而問曰吾嘗與汝事夫子于洙泗之間退而老于西河之上使西河之民疑汝于夫子汝罪一也喪汝親使人未有聞焉汝罪二也汝子死而自喪其明汝罪三也子夏投其杖而拜之曰吾過也

倨傲

見人輕慢謂之倨傲漢酈食其（食音易其音箕）謁高祖高祖方使二婢洗足次令引食其入食其既入見高祖乃

長揖而不拜問高祖曰大王欲助秦乎爲復破秦若擬破秦豈可倨傲見長者耶

亹亹

事有相續謂之亹亹亹亹者莫善乎蓍龜故天生神物聖人則之亹亹卽是相續不絕也

以己方人

人自所好而指與他人同者謂之以己方人謂以己身比方他人也論語云子貢方人子曰賜賢乎哉夫我則不暇今人多云以己方人也

絕纓

夜飲欠忽燭滅謂之絕纓　楚莊王與羣臣夜飲欠燭滅有一人起牽美人衣美人告王曰有人牽妾衣已絕得其纓矣王曰飲人以酒而責人以禮吾不爲也遂令左右盡絕其纓然後繼燭

哀王孫

見貧士與錢及食謂之哀王孫　漢書韓信淮陰人也少將家貧嘗至下邳釣魚有漂母哀之將歸家致食因止信數十日信謂漂母曰異日必願酬答漂母曰

哀王孫而進食豈望報乎

掃門

凡欲求事先施功力謂之掃門漢書魏勃欲見齊相曹參無人相導勃毎日早來平明即往參之門掃淨街路參怪而潛問之乃魏勃也引而問之答曰願見丞相于是爲之通達參遂納之擢爲舍人

俯拾地芥

能修志業若求身事謂之如俯拾地芥漢書夏侯勝字長公常云男子所患不明一經經術既明取朱紫

如俯拾地芥

歸遺細君

從外將物歸與妻謂之歸遺細君細君卽妻也漢武帝因伏日賜東方朔肉太官不在朔乃自拔所佩劍割肉將歸太官遂錄奏帝帝令朔自責朔曰拔劍割肉一何壯也割之不多又何廉也歸遺細君又何義也

逵于未萌

知未來事謂之逵于未萌春秋後語云趙武靈王欲

衣胡服公子成以不便奏之王問服之義公子成對
曰愚者達于成事智者達于未萌遂不納公子成之
言即日胡服

何日脂轄

問人何日遠行謂之何日脂轄詩曰巾車脂轄行在
何日

有鴻鵠之志

人雖居貧而志大者謂之有鴻鵠之志史記陳勝字
涉少時家貧爲人傭耕忽謂同耕者曰他日富貴不

志汝等同耕者笑曰貧寒如此焉有富貴勝曰鷰雀豈知鴻鵠之志哉

掛劍之義

心許人物而不勇移者謂之掛劍之義史記吳季札吳王最小子也王使札聘于晉帶寶劍以自衛北過徐君念札之劍雖不形言札心已惻札以遠使未遂心私許之及札廻徐君已死乃以劍掛墓樹而去

忠信獲罪

爲事盡忠反招疑忌者謂之忠信獲罪史記蘇秦自

齊歸燕國人毀之于燕王曰蘇秦左右賣國反覆之臣也王遂棄而不用蘇秦謂燕王曰王聞有忠信獲罪者乎

燕爾

新婚者謂之燕爾詩曰燕爾新婚

于飛

夫妻同行謂之于飛詩曰鳳凰于飛

自掇其咎

公然爲非自致其禍謂之自掇其咎周易曰不克訟

歸遺竄也自下訟上患至掇也

趙達

筋謂之趙達趙達吳國人也善將一筋而算無不徵應吳國興亡之事並中其算

失飪

飲食過熟謂之失飪論語曰臭惡不食失飪不食

風流醖藉

人有溫柔雅謂之風流醖藉書廣德如此

六出

雪謂之六出草木諸花皆有五出唯雪有六出

二毛

髮半白謂之二毛昔潘安仁年三十二歲鬢已二毛

馳騖

驅馳求名利謂之馳騖

風馬牛

人事以求干不相接謂之風馬牛

聾謂之黈纊天子以掃擁其耳不聽人過

圓規方矩

指教謂之圓規方矩

聾瞽

不嚮好事謂之聾瞽

敗于垂成

凡事欲成却不成謂之敗于垂成

靡惡不爲

不善之事並曾爲之謂之靡惡不爲

白嫖

自稱巳善謂之自媒

厚誣

枉人爲非謂之厚誣史記吾雖小人不可厚誣君子

俗考

宋 洪邁

上元張燈

上元張燈太平御覽所載史記樂書曰漢家祀太一以昏時祠到明今人正月望日夜遊觀燈是其遺事而今史記無此文唐韋述兩京新記曰正月十五日夜勅金吾弛禁前後各一日以看燈本朝京師增爲五夜俗言錢忠懿納土進錢買兩夜如前史所謂買宴之比初用十二十三夜至崇寧初以兩日皆國忌

遂展至十七十八夜予按國史乾德五年正月詔以
朝廷無事區宇乂安令開封府更增十七十八兩夕
然則俗云因錢氏及崇寧之展日皆非也太平興國
五年十月下元京城始張燈如上元之夕至淳化元
年六月始罷中元下元張燈
重陽上巳改日
唐文宗開成元年歸融爲京兆尹時兩公主出降府
司供帳事繁又時近上巳曲江賜宴奏請改日上曰
去年重陽改九月十九日未失重陽之意而至展一

句乃知鄭谷所賦十日菊詩云自緣今日人心別未必秋香一夜衰亦為未盡也唯東坡公有菊花開時即重陽之語故記其在海南藝菊九畹以十一月望與客泛酒作重九云

歲旦飲酒

今人元日飲屠酥酒自小者起相傳巳久然固有來處後漢李膺杜密以黨人同繫獄值元日於獄中飲酒先從小者何也勛曰俗以小者得歲故先酒賀之老者失時故後飲酒初學記載四民月令云正旦進

酒次第當從小起以年小者起先唐劉夢得白樂天元日舉酒賦詩劉云與君同甲子壽酒讓先杯白云與君同甲子歲酒合誰先白又有歲假內命酒一篇云歲酒先拈辭不得被君推作少年人東坡亦云但把窮愁博長健不辭最後飲屠酥其義亦然

十六　男子運起寅

今之五行家學凡男子小運起於寅女子小運起於申莫知何書所載淮南子汜論訓篇云禮三十而娶許叔重注曰三十而娶者陰陽未分時俱生於子男

從子數左行三十年立於巳女從子數右行二十年亦立於巳合夫婦故聖人因是制禮使男子三十而娶女二十而嫁其男子自巳數左行十得寅故人十月而生於寅故男子數從寅起女自巳數右行得申亦十月而生於申故女子數從申起此說正爲起運也

酒肆旗望

今都城與郡縣酒務及凡鬻酒之肆皆揭大帘於外以青白布數幅爲之微者隨其高卑小大村店或挂

餅瓢標箒科唐人多詠於詩然其制蓋自古以然矣韓非子云宋人有酤酒者斗槩甚平遇客甚美懸幟甚高而酒不售遂至於酸所謂懸幟者此也

六更

漢書斥候士百餘人五分夜擊刁斗自守師古曰夜有五更故分而持之唐六典太史門典鐘二百八十人掌鐘漏故詩云促漏遥鐘動靜聞其漏五五相遞凡二十五故李郢詩云二十五聲秋點長韓退之詩雞三號更五點宋宮而及州縣更漏皆去五更後二

點又并初更去其二點首尾止二十一點至今仍之故曰一更三點禁人行五更三點放人行朱太祖以鼓多驚寢遂易以鐵磬此更鼓之變也或謂之鉦即今之雲板也陳履常詩殘點連聲殺五更汪元量詩亂點傳籌殺六更今報更鼕鼕鼓將盡則雲板連敲謂之殺更衛公兵法曰鼓三百三十三槌爲一通角吹十二聲爲一疊鼓止角動也司馬法曰昏鼓四通爲大鼜夜半三通爲晨戒旦明三通爲發餉今早晚各止三通也其鐘聲則一百八撞以應十二月二十

四氣七十二候之數

漢田畝價

東方朔曰豐鎬之間號爲土膏其價畝一金杜篤曰厥土之膏畝價一金費鳳碑曰祖業良田畝直一金按漢金一斤爲錢十千是知漢田每畝十千與斤大率相似僕觀三十年前有司留意徵理所在多爲良田大家爭售主倍其直而邇年以來有司狃于姑息所在習頑爲風舉向來膏腴之土損半直以求售往往莫敢鄉邇世態爲之一變甚可歎也

纏足

婦人扎脚纏足古未嘗有俗傳起于西施然莫可攷也洛浦賦淩波微步襪飛燕能爲掌上舞綠珠步香塵無跡皆喻其體輕未始顯言足小也然稱其步微掌上無跡則纖細亦可想見矣自南唐李後主令宵娘以帛繞脚令纖小屈上作新月狀則今之遺風也

漢唐酒價

歷陽郭次象多聞嘗與僕論唐酒價郭謂前輩引老杜詩速令相就飲一斗恰有三百青銅錢以此知當

時酒價然白樂天與劉夢得沽酒閒飲詩曰共把十千沽一斗相看七十欠三年當劉白之時酒價何太不廉哉僕謂不然十千一斗乃詩人寓言此曹子建樂府中語耳唐人引此甚多如李白詩曰金尊沽酒斗十千王維詩曰新豐美酒斗十千崔輔國詩曰與沽一斗酒恰用十千錢許渾詩曰十千沽酒留君醉權德輿詩曰十千斗酒不知貴陸龜蒙詩曰若得奉君歡十千沽一斗唐人言十千一斗類然一斗三百錢獨見子美所云故引以定當時之價然詩人所言

出於一時又未知果否一斗三百別無可據唐食貨志云德宗建中三年禁民酤以佐軍費置肆釀酒斛收直三千此可驗乎又觀楊松玠談藪北齊盧思道嘗云長安酒賤斗價三百杜詩引此亦未可知僕因謂郭曰曾知漢酒價否郭無以應僕謂漢酒價每斗一千郭謂出於何書僕曰此見典論曰孝靈帝末年百司湎酒一斗直千文此可證也

春畫

後世淫巧百狀今所謂春畫其來亦久漢廣川王畫

屋爲男女贏交接置酒請諸父姊妹飲令仰視畫坐上
廢齊鬱林王於潘妃諸閤壁皆圖男女私褻之狀宋
劉積畫鄱陽王與寵姬照鏡欲偶交狀以寄其姊此
皆信史所書迷樓記云揚州刺史獻煬帝烏銅屏帝
曰繪者假也此得人之真形勝繪萬倍矣釋氏十誦
律亦有畫女與人女同之說癸辛雜識言高麗人作
不肖之畫於扇上

男人傅粉

世說載何晏潔白魏帝疑其傅粉以湯餅試之其拭

愈白知其非傅粉也考魏略晏自喜動靜粉白不去手則知晏常傅粉矣前漢佞幸傳籍孺閎孺傅脂粉以婉媚幸上此不足道也東漢李固傳章曰大行在殯路人掩涕固獨胡粉飾貌搔頭弄姿槃旋偃仰從容冶步略無慘怛之心顏氏家訓謂梁朝子弟無不熏衣剃面傅粉施朱以此知古者男子多傅粉者

重三

今言五月五日曰重五九月九日曰重九則三月三日亦宜曰重三觀張說文集三月三日詩恭奉三月

日重三此可據也曲水侍宴詩三月重三日此可據也

解喭

喭云猪來窮家狗來富家猫來孝家故猪猫二物皆爲人忌有至必殺之而邑中博士常戲爲解一人曰喭語政不爾無足忌者蓋窮家籬穿壁破故猪來非猪能兆窮也富家飲饌豐遺骨多故狗來非狗能兆富也家多鼠乃爲耗故猫來孝家則耗之訛非猫能兆孝也此說甚當余邑又喭云笑狗落雨博士曰此

亦不然笑狗謂瘦狗西江人呼瘦爲笑落雨者謂落尾亦西江人讀字之訛也余每觀狗之瘦者尾必下妥此解亦確不可易所謂邇言必察者非耶

女樂

女樂之興本由巫覡周禮所謂以神仕者在男曰巫在女曰覡巫覡在上古已有之汲冢周書所謂神巫用國觀楚辭九歌所言巫以歌舞悅神其衣被情態與今倡優何異伊尹書云敢有恒舞于宫酣歌于室時謂巫風巫山神女之事流傳至今蓋有以也晉夏

統傳女巫章丹陳珠二人並有國色裝服雅麗歌舞輕徊其解佩褫紳不待低帷昵枕矣其惑人又豈下於陽阿北里哉

戲婦

抱朴子疾謬篇云世俗有戲婦之法於稠衆之中親屬之前問以醜言責以慢對其爲鄙瀆不可忍論或蹙以楚撻或繫足倒懸酒客酗醟不知限劑至使有傷於流血踒折支體者可歎也古人感離別而不滅燭悲代親而不舉樂禮論娶者羞而不賀今旣不能

動蹈舊典至於德爲鄉閭之所敬言爲人士之所信宜正色矯而呵之何爲同其波流長此敝俗哉今此俗世尚多有之娶婦之家新婿避匿羣男子競作戲調以弄新婦謂之謔親或褰裳而針其膚或脫履而規其足以廟見之婦同于倚市門之倡誠所謂敝俗也然以抱朴子考之則晉世已然矣歷千餘年而不能變可怪哉

僕衣皂白

漢官吏著皂其給使賤役著白按爾雅曰擢之皂衣

之吏張敞曰敞備皂衣二十餘年注云雖有四時服至朝皆著皂衣兩龔傳曰聞之白衣戒君勿言注白衣給使官府趨走賤人若今諸司亭長掌內之屬晉陶淵明謂白衣送酒是也又觀戰國策左師公謂臣有賤息願令補黑衣之數以衛王宮知官吏著皂舊矣

小食

漫錄謂世俗例以早晨小食爲點心自唐已有此語鄭傪爲江淮留後夫人曰爾且點心或謂小食亦罕

知出處昭明太子傳曰京師穀貴改常饌爲小食小食之名本此

噴嚏

今人噴嚏不止者必噀唾祝云有人說我婦人尤甚予按終風詩寤言不寐願言則嚏鄭氏箋云我其憂悼而不能寐女思我心如是我則嚏也今俗人嚏云人道以此古之遺語也乃知此風自古以來有之

字省文

今人作字省文以禮爲礼以處爲処以與爲与凡章

奏及程文書冊之類不敢用然其實皆說文本字也

許叔重釋礼字云古文処字云止也得几而止或從

處方字云賜予也方與同然則當以省文者為正

放錢

今人出本錢以規利入俗語謂之放債又名生放子

考之亦有所來漢書谷永傳云至為人起責分利受

謝顏師古注曰言富賈有錢假託其名代之為主放

與他人以取利息而共分之此放字所起也

俗語所出

樓羅見南史嘌門見晉書主顧見東漢人力見北史
承受見後漢證左見前漢相僕見吳書直日見禮記
注門客見南北史察子見唐書騶儈見前漢求食見
左傳措大見唐書高手醫見晉書小家子無狀子見
前漢浮浪人見隋書茶博士見語林酒家兒見欒布
傳廚下兒見吳書家常使令見衛子夫傳快活三郎
見開天傳信錄掉書袋見南唐書同年友見劉禹錫
集註齋襯錢年月日子入粗入細看人眉睫見南北
史近市無價見曾子巧詐寧拙誠見說苑十指有長

短痛借皆相似見曹植詩賣漿值天涼見姜子牙語
近朱赤近墨黑見傅玄太子箴積財千萬不如薄藝
隨身教兒嬰孩教婦初來見顏氏家訓生爲人所咀
嚼死爲人所惜快見左雄語舉頭三尺有神明見徐
鉉語龍生龍鳳生鳳見丹霞語對牛彈琴作死馬醫
灰豆爆皆見禪錄似此等語不可枚舉今鄙俗語
不在被中眠安知被無邊而盧仝詩曰不予衾之
予衾之穿謂一日不作一日不食而趙世家曰
作百日不食謂讓二寸饒一尺則曹氏令曰

讓禮一寸得禮一尺謂三世仕宦方解著衣喫飯卣
曹氏令曰三世長者知被服五世長者知飲食

端午

唐玄宗以八月五日爲千秋節張說上大衍曆序云
謹以開元十六年八月端午獻之唐類表有宋璟請
八月五日爲千秋節表云月惟仲秋日在端午然則
凡月之五日皆可稱端午也余觀俗世說齊騤爲江
西觀察使因德宗誕日端午爲銀餅高八尺以獻是
亦有端午之說

貧富習常

少時見前輩一說云富人有子不自乳而使人棄其子而乳之貧人有子不得自乳而棄之以乳他人之子富又懶行而使人肩輿貧人不得自行而又肩輿人是皆習以爲常而不察之也天下事即以爲常而不察者推此亦多矣而人不以爲異悲夫甚愛其論後乃得之於晁以道客語中故謹書之益廣其傳

得意失意詩

舊傳有詩四句誦世人得意者云久旱逢甘雨他鄉

見故知洞房花燭夜金榜挂名時好事者續以失意四句曰寡婦携兒泣將軍被敵擒失恩宮女面下第舉人心此二詩可喜可悲之狀極矣

唐詩戲語

士人於棋酒間好稱引戲語以助譚笑大抵皆唐人詩後生多不知所從出漫識所記憶者於此公道世間惟白髮貴人頭上不曾饒杜牧送隱者詩也因過竹院逢僧話又得浮生半日閑李涉詩也只恐爲僧僧不了爲僧得了盡輸僧啼得血流無用處不如緘

口過殘春杜荀鶴詩也數聲風笛離亭晚君向瀟湘我向秦鄭谷詩也今朝有酒今朝醉明日愁來明日愁勸君不用分明語語得分明出轉難自家飛絮猶無定爭解垂絲絆路人明年更有新條在撓亂春風卒未休采得百花成蜜後不知辛苦爲誰甜羅隱詩也高駢在西川築城禦蠻朝廷疑之徙鎮荆南作聽箏詩以見意曰昨夜箏聲響碧空宮商信任往來風依稀似曲才堪聽又被吹將別調中今人亦好引此

五俗字

書字有俗體一律不可復改者如沖涼況減決五字悉以水爲冫（筆陵切，與冰同）雖士人札翰亦然玉篇正收入於水部中而冫部之末亦存之而皆注云俗乃知由來久矣唐張參五經文字亦以爲訛

烏頭白

今人喻事之難濟有老鴉頭白之説觀燕太子丹質於秦欲求歸秦王曰烏頭白馬生角乃可事見風俗通論衡是以曹子建詩曰子丹西質秦烏頭馬角生鮑照詩曰潔誠洗志朝暮年烏白馬角寧足言太史

公但云天雨粟馬生角

一丨

今文人多用不識一丁字祖唐書挽兩石弓不如識一丁字出處考之乃个字非丁字按續世說書此个字蓋个與丁相公傳寫誤焉後又觀張耒微考異亦謂个字乃知世說之言爲信又觀蜀志南史皆有所識不過十字之語世通謂王平所識僅通十字恐是十字亦未可知十與丁字又相似其文亦有據也此與淮南子言宋景公熒惑徙三舍之謬同史記謂三

虞

杜撰

包彈對杜撰爲甚的包拯爲臺官嚴毅不恕朝列有過必須彈擊故言事無瑕疵者曰沒包彈杜默撰詩多不合律故言事不合格者爲杜撰世言杜撰包彈本此然又觀俗有杜田杜園之說杜之云者猶言假耳如言自釀薄酒則曰杜酒子美詩有杜酒偏勞勸之句子美之意葢指杜康意與事適相符合有如此者此正與杜撰之說同湘山野錄載盛文肅公撰文

節神道碑石參政中立急問曰誰撰盛卒曰度撰滿堂大笑文肅在杜默之前又知杜撰之說其來久矣

一頓

漫錄曰食可以言頓世說羅友曰欲乞一頓食余謂頓字豈惟食可用如前漢書一頓而成是言事也唐書打汝一頓是言杖也晉書一時頓有兩玉人是言人也宋明帝王恍嗜酒時以大飲為上頓是言飲也豈獨食哉續釋常談引世說以證一頓二字出處不知二字已見前漢書矣

尨刺

屏刺虜最醜惡北人詆婦女之不正者曰尨刺國

利市

利市之説世俗皆然其實六經中已有此字易説卦巽爲利市三倍

老物

俗斥年長者爲老物實非惡語人亦物也故曰人物況六經中已有之周禮籥章祭蜡以息老物

私科子

雞雛所乳曰㝅即科也晏子春秋殺科雛者不出三月薔吉官妓出科私娼不出科如乳雛也又老妓名鴇子一作鴾似大雁無後趾虎文性羣居俗呼獨豹

老妓似之

不中用

俚談以不可用爲不中用自晉時巳有此語左傳成二年郤子曰克於先大夫無能爲役杜預註不中用爲之役使

妓子䊇

今言官府貪汙失操守者曰放手鬆後漢書憲史放手蓋以貪縱爲非者曰放手也又纖財入手曰皺手蓋言如蚍狗之咬手而不可放脫也其過於官吏贓者曰統手蓋言内外一體如猿猴之統臂也

攏街

今之喝道即攏街也唐時言中丞呵止不半坊令兩坊詔傳呼不得過三百步